Le guide des

VIA FERRATA

des Alpes françaises

L'auteur tient à remercier tous ceux qui l'ont aidé à la réalisation de cet ouvrage : les maires des communes équipées de via ferrata, les responsables de leurs offices du tourisme ou de leurs services techniques, les guides de haute montagne qui sont souvent les concepteurs de ces équipements, et tout particulièrement Robert Berger (PRISME - Saint-Jean-de-Maurienne) et Dominique Giard (Service d'Étude pour l'Aménagement Touristique de la Montagne).
L'auteur tient également à rendre hommage à l'incroyable patience de tous ceux qui ont réussi à le supporter, alors que, pendu à un arbuste, il hurlait les consignes pour la pose photo. C'est ainsi que l'on devine, entre autres, sur les photos : Yoann Agostinho, Christian Boisson, Nicolas Boulard, Eric Colin, Migaël Chaboud, Micheline Faure, Jean-Michel Genève, David Geoffrion, Dominique Giard, Loïc Joubert-Doriol, Claire Perdrix, Guy Pérez, Maurice Perriollat, Olivier Quin, Jean-Louis Rioual, Pascal et Laurène Vassy, Marie-Hélène, Robin, Cyril et Meije...

Pour une découverte des via ferrata des Dolomites, montagnes magiques et berceau historique de la pratique, on aura avantage à consulter l'ouvrage du même auteur dans la même collection :
DOLOMITES, LES PLUS BELLES VIA FERRATA,
Grand Prix du livre sportif illustré au Sportel 1999 de Monaco parrainé par la FNAC et le Comité National Olympique Français.

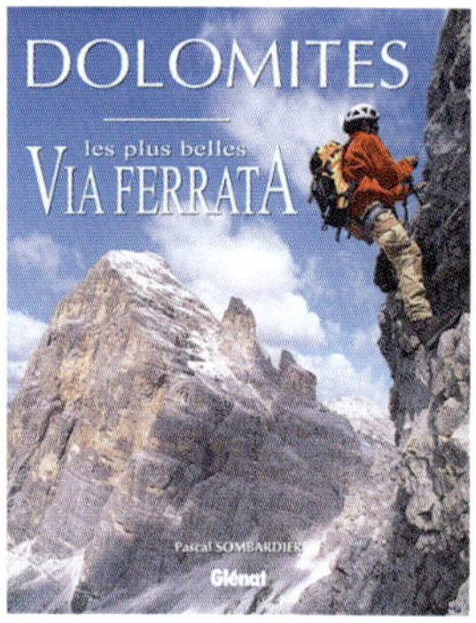

Photo de couverture :
début de la via ferrata de Peille.
4e de couverture :
via ferrata de l'Aiguillette du Lauzet.

Les croquis sont de l'auteur.
Toutes les photographies sont de l'auteur sauf p. 4 (Meije Sombardier), p. 56 (Marie-Hélène Douillet), p. 59 (Jean-Michel Genève) et le portrait en rabat de couverture qui est de Pascal Vassy.

BP 177, 38008 Grenoble Cedex

ISBN 2-7234-3147-9
Dépôt légal : mars 2000

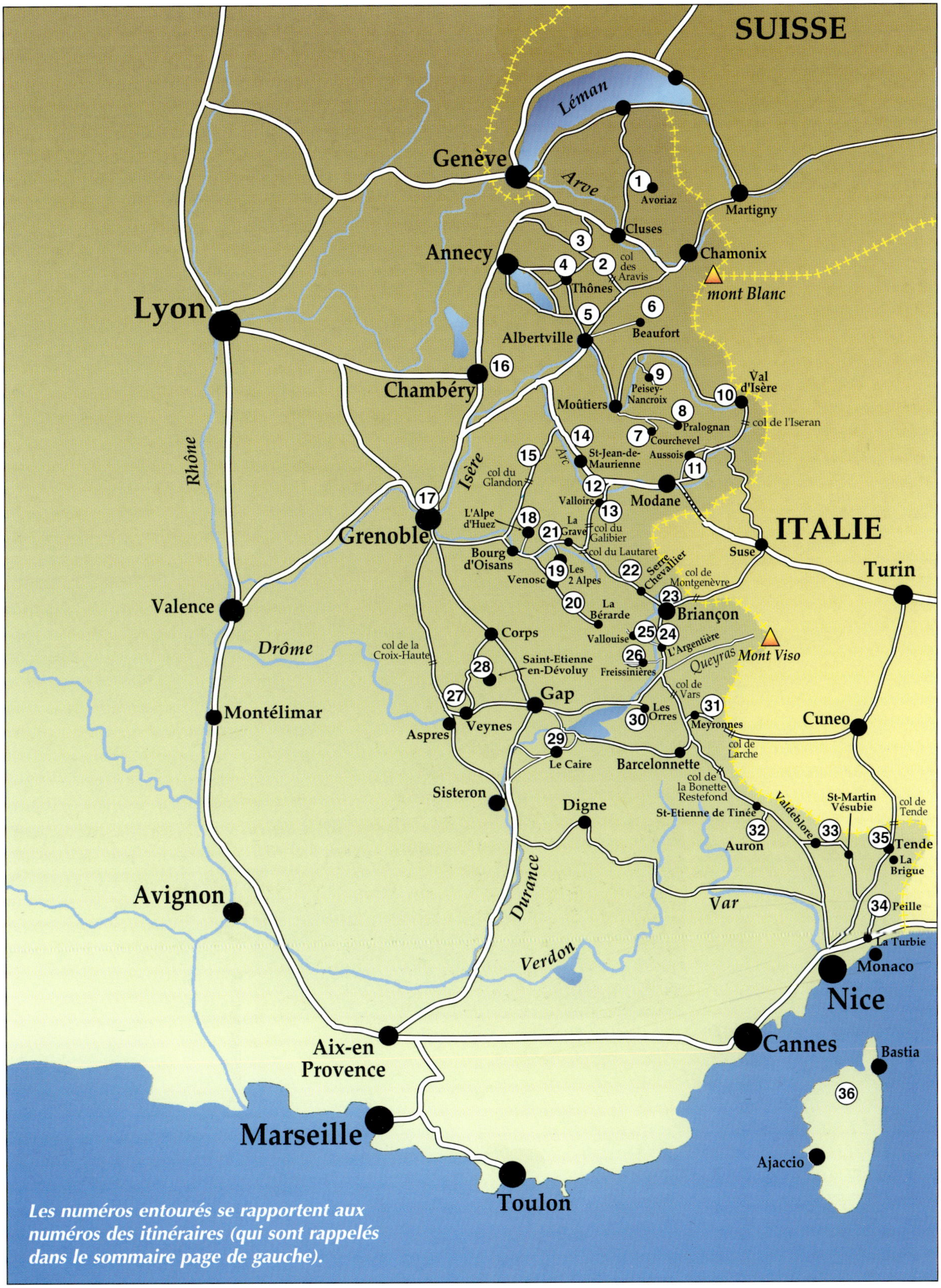

Les numéros entourés se rapportent aux numéros des itinéraires (qui sont rappelés dans le sommaire page de gauche).

LETTRE AUX GENS "CÂBLÉS"

On a coutume de dire que le *ferratisme* est né dans les Dolomites pendant la guerre de 1914-18. Cela n'est qu'à moitié juste. Tout d'abord, les militaires de la terrible guerre des Dolomites n'ont fait qu'utiliser des techniques mises au point 70 ans auparavant en Autriche dans le but de permettre des randonnées touristiques. Peut-on d'ailleurs dire : "c'est tel jour à tel endroit que fut inventé le principe de l'équipement fixe en montagne"? Les chasseurs, les moines l'ont toujours connu, ne serait-ce qu'en Chartreuse. Que dire aussi de l'ascension du mont Aiguille en 1492 par les "Escalleurs" du roi Charles VIII ?

Toujours est-il que les Dolomites restent le terrain de prédilection des via ferrata*, de par leur relief stratifié qui imposait logiquement de tels itinéraires. Leur création s'arrêta au milieu des années 80, lorsque les montagnards italiens, sous l'influence du CAI, s'aperçurent qu'ils ne trouvaient plus de voies logiques à équiper et risquaient de sombrer dans une dérive anarchique. C'est précisément à cette époque, en 1988, que l'on vit la première "vraie" ferrata française, à Freissinières, créée à l'initiative d'un guide local : Lionel Condemine. Le succès immédiat déboucha en Briançonnais sur d'autres itinéraires, à l'aiguillette du Lauzet et aux Vigneaux...

Le mont Aiguille revint sur le devant de la scène en 1992 : la ferrata installée sans concertation à l'occasion du "cinqcentenaire" de sa première ascension n'eut pas l'heur de plaire à tout le monde ; aussi un "commando" composé d'individualités diverses issues du monde de l'alpinisme (et qui, contrairement à ce qui fut dit, ne représentaient pas le Club Alpin Français) démonta en une nuit la ferrata honteuse. On se réfère aujourd'hui à la charte du CAF pour le respect de certains principes chers aux montagnards : les ferrata ne doivent donc pas permettre l'accès à un sommet important pour éviter de le banaliser et ne doivent pas empiéter sur le terrain des grimpeurs (ce qui paraît pour le moins évident).

Le mont Aiguille, symbole de l'inaccessibilité, ne pouvait se laisser gravir en 1992 par des moyens jugés "inélégants".

Ceci dit, la via ferrata du mont Aiguille, équipée par des guides, n'empiétait sur aucune voie d'escalade intéressante. J'étais malgré tout plutôt du côté des déséquipeurs jusqu'à ce que Jean-Christophe Lafaille, déjà le phare de l'alpinisme français contemporain, déplore publiquement que "l'on n'ait pas laissé cet équipement en place pour permettre à des jeunes disposant de peu de moyens physiques d'atteindre un si beau sommet". De quoi ébranler quelques certitudes. Et il est vrai que l'élitisme et l'assurance sentencieuse dont font preuve beaucoup d'alpinistes sont très souvent désagréables. On peut leur faire remarquer que le mérite sportif d'une voie d'escalade en III n'est guère plus grand que celui d'une ferrata difficile. Mais ils rétorqueront que c'est justement un argument pour laisser ces voies vierges d'équipement lourd et il est certain qu'on imagine mal nos plus belles montagnes croulant sous la ferraille...

Seule la via ferrata de l'aiguille de Luce à Saint-Ours a réellement suscité des polémiques avec les grimpeurs parce qu'elle se trouve à quelques mètres de voies d'escalade intéressantes. Mais les autres réalisations ont toutes évité les stades verticaux que sont devenues les falaises d'escalade, d'ailleurs elles-mêmes sévèrement critiquées pour la prolifération de leurs voies et de la ferraille qui les équipe.

À s'éloigner encore et à utiliser des terrains stratifiés, des vires reliées par des gradins à la manière des plus belles ferrata dolomitiques, le ferratisme français gagnerait

---

** Bien que l'expression italienne "via ferrata" devienne "vie ferrate" au pluriel, nous avons choisi, devant l'incompréhension de nos compatriotes, de garder* via ferrata *au pluriel comme au singulier. Puissent les amoureux de la langue de Buzzati nous pardonner... Le terme est de plus intraduisible, car il évoquerait davantage la SNCF que la montagne, bien que* voie ferrée *se dise "ferrovia" en italien.*

Les Dolomites : une autre planète située à quelques heures de voiture, plus d'une centaine de via ferrata, comme, par exemple, la Lipella qui traverse entièrement la face Ouest de la Tofana, large de 2 km, que l'on voit à l'arrière plan.

probablement une logique, une personnalité propre, en un mot, un *sens* qui lui fait un peu défaut aujourd'hui. Pour l'instant en effet, il s'agit plus de créer un terrain de jeu artificiel, presque à la manière des "Aventure Parcs" (un projet existe justement aux Houches de relier une ferrata en falaise avec un "Aventure Parc" dans les arbres). Je me souviendrai toujours de cette réflexion d'une amie journaliste que j'avais emmenée à Saint-Christophe en Oisans : "*En somme, les via ferrata, c'est Disneyland*". Et lorsqu'on connaît les quelques projets dantesques de tyroliennes longues de plus de 700 mètres qui traînent à ce jour dans certains esprits, on se dit qu'on n'a encore rien vu.

Il est probable que de nombreuses ferrata vont encore être créées. Après tout, il en existe près de 140 dans les Dolomites et les vallées adjacentes, et il s'agit souvent d'itinéraires d'une autre envergure. Même en restant dans les petites falaises qui caractérisent cette activité en France, le terrain est quasiment illimité. La surface verticale naturelle propice à l'escalade, eu égard à la qualité du rocher, représente moins de 10 % des falaises de basse altitude. Les ferrata pourraient donc proliférer sur le reste s'il n'y avait tout de même certaines limites :

- *Un petit scrupule éthique* d'abord, qui n'a pas été complètement évacué par la fameuse charte. On peut en effet préférer que les gens se mettent à la pratique de l'alpinisme véritable et naturel plutôt qu'à une activité artificielle par essence. Mais l'argument est faible car le terrain des ferrata devient de plus en plus différent de celui de l'alpinisme, les pratiquants ne sont pas les mêmes, et certains viennent justement à l'escalade par ce biais. On peut se demander d'autre part s'il est vraiment indispensable que la terre entière se mette à l'alpinisme ou à l'escalade. Tout le monde n'a pas eu la chance ou le temps de pouvoir s'initier aux joies complexes de la verticalité et la ferrata ne remplit-elle pas en quelque sorte une fonction démocratique ? Elle permet en outre de faire découvrir aux enfants ce milieu et ce style d'activité sans les dangers ou les impossibilités liées à l'escalade. Mais si le spectacle des milliers de gens qui ont trouvé dans la ferrata un moyen de s'amuser et de se donner des sensations en sécurité a quelque chose de réjouissant pour les esprits "démocrates", il irrite ceux qui défendent cet élitisme dont nous avons parlé et voudraient bien s'en approprier l'image valorisante. Pour éviter toute équivoque vis-à-vis de grimpeurs à la susceptibilité chatouilleuse, nous considérerons que la via ferrata n'est qu'une expression sportive de la randonnée.

Ci-dessous et page de droite, la via ferrata de Freissinières, première création française en 1988, était déjà très audacieuse dans sa conception.

- *Une limite écologique*. Il faut veiller à ne pas empiéter sur les aires naturelles de certains animaux, les rapaces en particulier. Les équipeurs sont soucieux du problème et l'exemple de la ferrata d'Aussois, où l'itinéraire initial a été modifié pour éviter un nid de faucons, est à souligner. Malheureusement, une maladresse aurait été commise par les équipeurs à Llau, dans les Pyrénées, près du lieu de nidification d'une espèce protégée (le Grand Duc, bien que finalement, la zone fragile paraisse située plus loin). Quant à ceux qui prétendraient que la présence de l'homme n'est pas conciliable avec celle des chamois, qu'ils aillent donc à l'aiguillette du Lauzet... L'atout de nombreuses ferrata reste de permettre une incursion dans des sites extraordinaires sur le plan de l'ambiance,

Thônes : exemple de surplomb qui peut poser d'énormes problèmes à des personnes manquant de force dans les bras. Une échappatoire leur est en général proposée.

de l'écologie ou même de l'histoire et de la culture, comme c'est le cas à La Grave.

- *Le problème de la sécurité* serait-il alors le point le plus épineux ? N'est-il pas risqué d'envoyer des foules d'apprentis montagnards à l'assaut de falaises verticales ? Les rares accidents sont, pour l'instant, dus à un matériel inadapté ou insuffisant (une seule longe par exemple), à une mauvaise utilisation du matériel, ou encore et surtout à une surestimation des capacités physiques.

À ce propos, je le dis comme beaucoup le pensent, l'imprécision dans les systèmes de cotation employés est extrêmement dangereuse. On a cru bon – dans la plupart des cas – d'appliquer le système des cotations de l'escalade (F, PD, AD, D, TD, ED : de *Facile* à *Extrêmement Difficile*). C'est une hérésie. Les pratiquants, novices pour la plupart, n'y sont pas du tout familiarisés et ne peuvent y trouver les détails qui les intéressent et les avertissent, c'est-à-dire essentiellement la présence d'un surplomb très athlétique, une grande continuité dans l'effort, la longueur et l'engagement.

Les surplombs présents dans certaines ferrata ne s'adressent pas à tout le monde et c'est pourquoi ils sont très précisément signalés dans cet ouvrage. Ils sont déjà la cause de trois accidents mortels à ce jour. Dans les trois cas, les personnes avaient oublié de démousquetonner leur longe et étaient trop épuisées pour redescendre. Dans le premier cas, elle a demandé à la personne du dessous de lui démousquetonner et est tombée après que celle-ci l'eut fait (elle n'avait qu'une longe…). Dans le deuxième, elle a chuté, les deux mousquetons d'un zyper en V accrochés sur la même portion de câble (empêchant donc l'absorbeur de fonctionner) ; son mousqueton de baudrier a cassé sous le choc parce qu'il était en travers (voir les textes techniques sur les résistances en pages suivantes). Le troisième accident (voir le chapitre n° 4 : Thônes) est plus mystérieux, mais il est toujours dû à un fort surplomb…

Le *Guide de savoir-faire* du SEATM (Service d'Études et d'Aménagement Touristique de la Montagne) sur les ferrata en France aboutit en gros aux mêmes conclusions que moi et préfère parler de *classification* plutôt que de *cotations*. Cette classification fait intervenir les quatre notions de **pénibilité,** de **caractère impressionnant**, de **densité de l'équipement** et de **nature du terrain**. Il apparaît évident qu'on ne peut prétendre être clair et précis sur autant de notions complexes sans rédiger quelques mots à propos de chacune d'entre elles. Je n'ai donc pas hésité à le faire.

Le surplomb est l'élément prépondérant de la difficulté physique d'une ferrata, à prendre en compte avant de s'y lancer tête baissée, surtout si l'on n'a pas d'entraînement.

Autre élément à ne pas sous-estimer : le gaz (le vide) qui peut engendrer des blocages chez qui n'y est pas accoutumé ou chez les personnes sujettes au vertige. Ici, dans la dalle de Tovière à Val d'Isère, il y a du gaz à tous les étages…

Le surplomb du Miéjou, sortie obligatoire après la passerelle des Aiguillettes à La Colmiane, occasionne d'énormes bouchons, sans parler des crispations et des chutes quotidiennes. Une dérivation serait la bienvenue.

L'exemple du surplomb du Miéjou dans la ferrata de La Colmiane peut nous aider à mieux comprendre les problèmes posés : ce surplomb – même pas indiqué comme le plus difficile passage de la ferrrata – est une sortie obligatoire pour la foule qui vient de la passerelle de 40 mètres. On y trouve une file d'attente qui peut être d'une heure ou plus parce que la plupart des gens n'ont pas la force suffisante pour le passer à l'aise. Après observation, une personne sur dix tombe (heureusement dans la traversée), une sur trois demande à se faire aider, ce qui fait qu'il y a trois ou quatre personnes agglutinées dans le passage sur la même portion de câble, au mépris des règles de sécurité. Notons que, dans la panique générale, une personne sur deux mousquetonne les deux brins de son zyper *"parce qu'elle se sent plus en sécurité"* (c'était avant l'invention du zyper Y).

Ces problèmes auraient pu facilement être évités, d'abord par une mise en garde sévère et détaillée (et non par la simple couleur rouge), ensuite par une variante de sortie pour les moins entraînés (en projet, paraît-il).

Après ces accidents, certes regrettables, on parle d'interdire certaines ferrata, de rendre l'encordement obligatoire… Si l'on doit admettre l'idée que ce n'est pas la ferrata qui est dangereuse, mais la manière de l'utiliser, on peut toutefois s'interroger sur le fait que l'on a renoncé depuis longtemps à réglementer la pratique de l'alpinisme en haute montagne, où le nombre de morts est considérable, où le terrain est objectivement mille fois plus dangereux et où la compétence de la plupart des pratiquants est plus que douteuse. On laisse finalement les alpinistes présumés totalement libres de faire ce qu'ils veulent, prendre tous les risques sans que leur responsabilité ou celle d'un autre puisse être mise en cause ; on dépense en outre des fortunes pour les secourir. Mais dès qu'il s'agit de randonnée, et surtout maintenant de randonnée sportive ou acrobatique, on se retrouve confronté à une armée d'anges Gabriel qui multiplient les mises en garde sur des panneaux gigantesques,

La passerelle de La Colmiane n'a pas tenu longtemps son record, dépassée par Val d'Isère, Auron puis Le Caire.

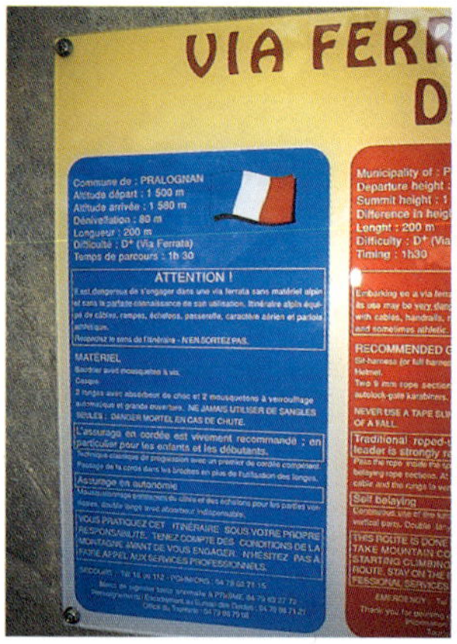

dans les topos et la presse ; ils sont canalisés, encadrés et pour tout dire, déresponsabilisés et il est bien difficile de comprendre d'où vient cette ségrégation.

La deuxième précaution prise face à l'afflux de pratiquants à l'expérience limitée a consisté à donner des horaires trois ou quatre fois plus longs que nécessaires. On sera ainsi très surpris de lire "cinq à six heures" sur le panneau d'information de telle ferrata, alors qu'à l'évidence une heure ou deux suffisent largement, même pour une personne peu expérimentée. Ayant moi-même fréquemment emmené des débutants, j'ai pu le vérifier maintes fois.

Les panneaux donnent un surcroît de détails et de mises en garde. On ne peut mieux constater que les ferrata s'adressent à une clientèle non avertie aux dangers inhérents à la montagne.

- À la question du vieillissement du matériel en place, les responsables des stations ou les équipeurs, qui sont souvent des guides de haute montagne, répondent que l'entretien est assuré régulièrement, chaque semaine en saison, comme cela est d'ailleurs fait depuis près d'un siècle en Italie par les guides sans trop de problèmes. Le moindre échelon descellé décelé (!) est remplacé ; le câble aussi, ne serait-ce que pour une gaine plastique endommagée. Les sociétés qui ont installé la ferrata passent donc avec la commune concernée un contrat d'entretien régulier. Toutefois, il peut arriver qu'à la suite d'un changement de municipalité par exemple, les responsables refusent de payer cet entretien, sous prétexte qu'eux n'ont pas voulu de cet équipement. Le cas s'est déjà produit à Montvernier, et l'on pouvait voir au printemps 1996 une pancarte au pied du premier câble : "ferrata interdite". Autrement dit, "tuez-vous, ce ne sera pas de notre faute". Cette attitude est irresponsable, et mieux vaudrait, dans ce cas, carrément démonter une ferrata endommagée que de laisser la foule s'y engager sans information réelle.

Et ceci nous amène à l'épineux problème de la redevance que certaines communes demandent aux ferratistes : jamais une somme astronomique : 20 F aux Vigneaux, dans la Durance ou à La Colmiane, 30 F au Caire ou en Corse... D'aucuns poussent les hauts cris comme quoi ils n'ont jamais payé pour faire de la montagne, et qu'ils ne vont pas commencer, et que c'est un scandale, etc. Certes mais il y a une nuance entre faire de la montagne sans équipement ou avec. Quand on sait ce que coûte la création d'une ferrata (environ 300 000 F + l'entretien périodique) et les dégradations qu'elle subit (11 000 personnes par an à La Colmiane, 15 000 aux Vigneaux...), on peut éprouver quelques scrupules envers certaines petites communes pour lesquelles cela représente la totalité d'un budget annuel. On se sent moins gêné vis-à-vis des grosses stations, et pourtant il ne viendrait à l'idée de personne de revendiquer la gratuité des remontées mécaniques ou d'un tennis. Un aménagement est un aménagement, avec tous les impératifs qu'il comporte... Les communes qui ont instauré une redevance sont celles qui n'avaient pas d'autre alternative et on peut le comprendre.

Le "ferratisme" est une activité en soi, bien distincte de l'alpinisme, surtout en France (cette limite est beaucoup moins nette en Italie). Il existe un type de ferrata "à la Française", qui se déroule rarement dans des endroits isolés, qui n'est jamais longue ni engagée et recherche plus le vide, les sensations qu'un simple moyen de progression. C'est pour cela qu'on trouve des itinéraires sans aucune logique, à but purement ludique, surtout depuis qu'on s'est aperçu que les techniques modernes de scellement permettaient de franchir n'importe quel surplomb, et donc n'importe quelle falaise.

Pour qui veut en plus une atmosphère, un engagement, un paysage, voire un spectacle, rendez-vous dans les Dolomites, cette autre planète située à quelques heures de voiture seulement.

Trous et grottes sont fréquents, comme ici à l'a Manicella.

Intérêt aussi culturel à la grotte des Hérétiques de Tende.

Mais c'est avant tout la recherche de sensations aériennes qui fait "marcher" la ferrata (ici au Caire).

Exemple d'une passerelle en "demi-tronc" au sommet de la tour du Jallouvre au Grand Bornand.

La plus longue passerelle (59 m) se trouve au Caire. Elle a été financée en partie par le groupe Vivendi.

Les ponts de singe (ici celui de Pralognan) et autres filets (à Peille) rapprochent les ferrata des Aventure Parcs.

Question ambiance et esthétisme, on ne peut s'empêcher de préférer les ferrata de montagne, comme ici au Lauzet...

...au Lauzet, où l'on côtoie les chamois, face aux Écrins, alors qu'à Thônes, on voit surtout des toits.

Aux portes verdoyantes du Parc de la Vanoise, la via ferrata de Peisey-Nancroix utilise une toute petite falaise

Cas presque unique : une ferrata permet d'atteindre un sommet, le Roc du Vent, au-dessus du lac de Roselend.

Les dalles du début de la via ferrata du Roc du Vent.

La ferrata du Caire est située dans une région à l'écart du monde. Elle a l'ambition d'être le moteur d'un développement touristique qui tarde à venir. Ne serait-elle pas justement un peu trop isolée ?

Tovière, à l'inverse du Caire, débute dans la station de Val d'Isère. On l'oublie vite devant un tel coup d'œil.

UN PEU DE TECHNIQUE

Tous les itinéraires présentés dans cet ouvrage ont été faits ou refaits par l'auteur entre 1995 et 1999. Les informations y ont donc été actualisées mais il reste toujours possible qu'un détail ait échappé à l'auteur. Il est en tout cas certain que des modifications surviendront à l'avenir, par exemple avec la création de nouvelles routes ou de nouveaux chemins. Dans le cas des via ferrata, il n'est pas exclu que les concepteurs procèdent à des modifications pour des raisons de sécurité ou autres. Les diverses rééditions les signaleront.

Chaque itinéraire est introduit par un précis technique qui comporte généralement six points :

- Le **départ** : il peut y avoir dans certains itinéraires très fréquentés des problèmes de parking. Dans tous les cas, respectez les panneaux de stationnement ou de sens interdit, ne cherchez pas à monter à tout prix le plus haut possible au risque de gêner des riverains, des bergers ou d'autres randonneurs.

- L'**horaire** donné est un horaire moyen sans compter les arrêts. L'usage veut que, dans le monde de la randonnée où évoluent de nombreux pratiquants peu entraînés ou simplement âgés, on laisse une certaine marge de manœuvre. Il nous apparaît malsain d'exagérer cette marge, comme c'est souvent le cas sur les panneaux annonciateurs des via ferrata. En effet, la particularité de celles-ci est qu'on ne peut doubler les personnes trop lentes qui, du coup, occasionnent une véritable gêne, des bouchons, parfois au détriment de la sécurité. Il ne nous semble donc pas bon de conseiller ces itinéraires à tout le monde sans restriction en nivelant l'activité par le bas. Si une personne met cinq heures là où il en faut une ou deux, on peut douter qu'elle soit faite pour une telle activité et qu'elle y prenne du plaisir. Alors pourquoi l'encourager ?

Donner un horaire pour une via ferrata reste de toute façon hasardeux étant donné la variété des pratiquants et les inévitables encombrements estivaux. En France, on peut dire que presque toutes les ferrata modernes sont faisables en moins de deux heures par quelqu'un d'entraîné, et c'est finalement la référence la plus utile.

- La **dénivellation**, lorsqu'elle n'est pas importante, ou lorsque l'itinéraire est en traversée à peu près horizontale, n'est pas signalée. La longueur du câble, quand elle est connue, est précisée et donne une indication souvent plus intéressante que la dénivellation.

- La **difficulté** est rédigée, et non chiffrée. D'abord parce qu'un texte rédigé sera mieux compris par les nouveaux venus, peu accoutumés au système des cotations. Ensuite parce qu'il peut y avoir un dangereux risque de confusion avec l'escalade. Le principe de la via ferrata est précisément de *gommer* la difficulté par des moyens artificiels. La seule difficulté réelle réside dans la présence de passages surplombants qui obligent à tirer sur les bras, encore qu'il ne s'agisse pas vraiment d'une difficulté *technique.* Une solide condition physique, doublée d'une certaine agilité, est donc généralement suffisante pour ces itinéraires, ainsi qu'une bonne accoutumance au vide, la principale difficulté restant souvent d'ordre psychologique.

- La **conception** (l'idée de départ et le tracé) est indiquée en premier et séparée par une barre / de la **réalisation** (la fabrication)**.** Ces deux notions ont leur intérêt car elles permettent de savoir dans quel esprit ont été conçus les itinéraires, et de reconnaître un style propre à tel ou tel concepteur ou réalisateur. Ainsi, dans les ferrata réalisées par la société *Prisme* de Saint-Jean-de-Maurienne, on peut s'attendre à trouver un équipement important, pour ne pas dire abondant, qui gomme pratiquement tout contact avec le rocher, ceci souvent à la demande des stations qui ont avant tout le souci de la sécurité. En revanche, la société *Roc* de Briançon équipe avec plus de sobriété et il faut s'attendre à faire quelques pas en dehors des barreaux. À noter que pratiquement toutes les sociétés de travaux acrobatiques, dont les deux principales viennent d'être citées, sont composées de guides de haute montagne.

- L'**altitude maximale** et l'**exposition** permettront de savoir à quelles périodes de l'année la ferrata est faisable et à quelle heure de la journée elle sera ensoleillée.

- Une rubrique **matériel** apparaît parfois, mais elle est inutile dans la plupart des cas, puisque pour tous les itinéraires, le matériel de sécurité indispensable est toujours le même : un casque, un harnais et un assurage dynamique pour s'accrocher au câble avec deux mousquetons à fermeture automatique. **Il faut absolument proscrire tout système statique, c'est-à-dire non muni d'un absorbeur d'énergie** ; nul n'est désormais censé ignorer que celui-ci peut se rompre à la suite d'un choc même mineur, n'étant pas à même d'absorber l'énergie que chaque centimètre de chute multiplie à une vitesse effrayante. Le risque de rupture n'est pas le seul ; la violence d'une chute peut être suffisante pour occasionner de graves lésions sur le squelette ou même l'écrasement du cerveau dans la boîte crânienne.

Situé entre le harnais et les cordelettes, l'*absorbeur d'énergie* est un système de frein progressif qui diminue l'intensité du choc ; Petzl fut le premier fabricant français à mettre sur le marché un système spécifique d'absorption :

On trouve tous les types d'équipement : plutôt sobre dans le sud, comme ici aux gorges d'Agnielles...

...alors qu'on assiste à une débauche de ferraille en Savoie (ici au Roc du Vent) avec des échelons très rapprochés.

À gauche, une astuce qui peut vous épargner quelques frayeurs inutiles dans une zone surplombante : outre les deux cordelettes de l'absorbeur, prévoyez une petite sangle accrochée au pontet du baudrier, avec au bout, soit un mousqueton sans vis, soit, mieux, un crochet. Ainsi, lorsque vous sentez que vous n'avez plus assez de force pour aller mousquetonner l'une des cordelettes de l'absorbeur au-dessus de la broche suivante, plutôt que de tout lâcher, reposez-vous sur cette petite sangle en l'accrochant sur un échelon.

N'oubliez pas que des accidents graves se sont produits lors de chutes dans des surplombs.

Ci-dessous, on constate que le mousqueton qui relie le pontet du baudrier à l'absorbeur se met très fréquemment en travers, principalement parce que la virole vient se coincer contre l'absorbeur. Ceci représente un danger mortel, car en cas de chute, le mousqueton, réduit au tiers de sa résistance, peut casser. Un accident mortel a déjà eu lieu à Valloire à cause de ce phénomène. Il faut impérativement prévoir de bloquer le coude inférieur du mousqueton sur le pontet du baudrier par un "string" (petite sangle de caoutchouc) ou au moins par un bout de ruban adhésif puissant.

Ci-dessous, le zyper en Y. Les sangles se dédoublent en aval de l'absorbeur, et on peut donc mettre les deux mousquetons sur le câble sans entraver le coulissement de la cordelette (dont on voit le mou pendre à droite du baudrier) dans l'absorbeur. Les défauts de l'ancien système en V (entortillement, utilisation obligatoire d'un seul mousqueton à la fois) sont donc résolus et tout autre principe que l' Y est désormais à proscrire.

Les fabricants rivalisent pour nous offrir des systèmes complets d'absorption de plus en plus élaborés. Ci-dessous, le kit Simond, avec la boucle de mou enserrée dans un petit sac, et des mousquetons avec fermeture automatique à poignées, très faciles d'utilisation.

le Zyper. Mais le premier modèle en V présentait plusieurs défauts, notamment celui de pouvoir s'entortiller et d'annuler ainsi le coulissement. On ne devait d'autre part utiliser qu'un seul mousqueton à la fois puisque le second brin servait de mou au premier, or la plupart des néophytes se sentaient rassurés en mettant les deux mousquetons sur le câble, annulant ainsi le rôle de l'absorbeur. Il est clair que deux mousquetons valent mieux qu'un : Si le premier casse en arrivant sur la broche en cas de chute, le second a toutes les chances de vous sauver. Notons que les équipeurs, en laissant une boucle de mou sur le câble au niveau de la broche, ont limité ce risque de rupture, mais par sur toutes les ferrata.

L'une des causes principales de chute vient de ce que les ferratistes, engagés dans un surplomb et absorbés par leur progression, oublient d'enlever un des deux mousquetons pour le passer au-dessus de la broche suivante. Aussi se retrouvent-ils pendus par les bras, avec une assurance bloquée et trop basse ; ils n'ont plus la force de redescendre pour aller démousquetonner et tombent. Penser systématiquement à aller enclencher un mousqueton au-dessus de soi dès que cela est possible constitue donc la meilleure des sécurités.

Dans mon ouvrage sur les via ferrata des Dolomites, je présentais le système utilisé par les Italiens, un Y avec deux longes qui ne se dédoublaient qu'après l'absorbeur (en aval), permettant ainsi le double mousquetonnage. Ce système cohérent présentait néanmoins l'inconvénient d'être lourd et comportait de gros nœuds. Petzl, suivi par d'autres fabricants comme Simond, a repris ce principe avec le nouveau Zyper en Y, mais avec des sangles plates cousues et des bloqueurs de mousquetons (des “strings”), offrant ainsi un système léger et sûr. Tous les professionnels s'accordent aujourd'hui pour conseiller la mise à l'index de l'ancien système en V.

Les nouveaux mousquetons à fermeture automatique, qui ont fait de gros progrès dans la maniabilité, sont indispensables, car ils empêchent leur doigt de s'ouvrir intempestivement ou en cas de choc. Or un mousqueton légèrement entrouvert a une résistance trois fois inférieure à celle d'un mousqueton fermé. Il faut savoir que le choc d'une chute en via ferrata a toutes les chances d'être plus violent qu'en escalade, et peut amener la rupture d'un mousqueton ouvert.

Un accident mortel s'est produit pour une autre raison : la rupture d'un mousqueton de baudrier placé en travers ; il sera donc prudent de fixer son coude inférieur sur le pontet à l'aide d'un *string* ou d'un bout de ruban adhésif.

Après ce qui vient d'être dit, on comprendra qu'il est préférable de ne pas s'amarrer à plusieurs sur la même portion de câble. Il faut vous habituer à imaginer ce qui arriverait si la personne qui est au-dessus de vous chute...

Nous conclurons en énonçant une vérité toute simple : **la meilleure des sécurités consiste à limiter les risques de chute, et, pour cela, à ne pas s'engager dans des itinéraires comportant des passages athlétiques pour lesquels on n'aurait pas une force suffisante.** Tous les accidents mortels ou non qui se sont produits à ce jour en ferrata viennent d'une mauvaise appréciation de cette notion pourtant simple.

- Certaines **remarques** peuvent enfin préciser si la ferrata est payante et à quels tarifs. Nous ne précisons pas si la ferrata est interdite ou non aux enfants de moins de tel ou tel âge. La plupart des communes interdisent l'accès aux enfants de moins de douze ans non accompagnés d'un adulte expérimenté. On voit vite les limites d'une telle réglementation, car comment juger de l'expérience d'un adulte. Certains enfants de moins de douze ans sont d'ailleurs beaucoup plus à l'aise que beaucoup d'adultes. Les communes, par peur du moindre accident qui entraînerait leur responsabilité, prennent toutes sortes d'arrêtés, interdisant leur ferrata aux personnes insuffisamment équipées ou entraînées, la nuit, en hiver... Ces interdictions ne sont de toute façon valables que si elles sont signalées au pied et font l'objet d'un contrôle, ce qui est rarement le cas. Les activités de pleine nature risquent de crever de cette paranoïa naissante, typiquement française, que les magistrats entretiennent. Beaucoup d'élus, responsables devant la loi de la sécurité sur leur commune, en viennent à regretter la construction de leur via ferrata. Espérons que de nouvelles dispositions légales leur rendent un jour leur sérénité...

Comment assurer les enfants (ou les débutants)

La corde suffit tant qu'il n'y a pas de traversée ni de surplomb (ici, à Courchevel).

On ne peut évidemment laisser les jeunes enfants en autonomie sur le câble d'une via ferrata, car on ne peut être sûr qu'ils vont toujours le mousquetonner correctement. Il faut donc se munir d'un brin de corde de 10 mm en simple (ou 8,5 mm en double). La longueur qui vous sépare de l'enfant doit être de 4 à 5 m pas plus. L'encordement se fait obligatoirement sur un baudrier et jamais par une simple boucle autour de la taille. En effet, dans le cas d'une chute en traversée – ou droite avec une corde mal tendue –, le choc peut être suffisamment violent pour occasionner des lésions graves.

Cette corde doit donc rester tendue entre vous et l'enfant. Lorsque la progression se fait verticalement, la corde dispense l'enfant de mousquetonner le câble, puisqu'il est soutenu par vous (ce qui suppose de votre part d'être vigilant sur votre propre assurage). En traversée ou en surplomb, l'enfant doit disposer de cordelettes avec absorbeur et mousquetons et s'assure traditionnellement sur le câble. Passez en plus votre corde dans les queues de cochon en place, ou, s'il n'y en a pas, dans des dégaines d'escalade que vous placez sur les broches du câble.

Il est évident que, dans une descente ou une traversée descendante, l'enfant doit passer devant.

Il est utile, dans un passage assez long et athlétique, de pouvoir déployer davantage de corde pour assurer le second (avec mousqueton et descendeur) depuis un relais à la fin du passage et ne pas risquer de se trouver tiré par sa chute éventuelle. Dans ce cas, on progresse donc tour à tour *(voir la photo du surplomb de Saint-Christophe-en-Oisans en page de droite).* ➤

VIA FERRATA DU SAIX DU TOUR — 1

AVORIAZ - HAUT GIFFRE

Départ : parking obligatoire à l'entrée de la station d'Avoriaz, qu'il faut ensuite traverser en direction des immeubles du Crozat.
Horaire : 10 mn d'approche ; 1 h de ferrata ; retour en 30 mn.
Dénivellation : 173 m. Longueur du câble : 600 m.
Difficulté : le début comporte quelques courts passages verticaux. La suite utilise plutôt des vires.
Conception/réalisation : PRISME (1998).
Altitude maximale et exposition : 2 023 m. Sud-ouest.

On ne peut pas dire que l'ampleur soit la première vertu de ce genre d'itinéraire, principalement destiné à offrir une animation de plus aux touristes qui séjournent en station. Cette traversée dans une petite barre rocheuse qui commence au niveau des immeubles de la station laissera donc les amateurs de grands espaces et de grandes virées en montagne sur leur faim.

Il en faut toutefois pour tous les goûts, et beaucoup de néophytes découvrent de cette manière les joies de la verticalité avec les guides locaux, qui ont de toute façon du mal à trouver des clients pour des objectifs plus difficiles. On peut malgré tout regretter qu'un tel itinéraire ne soit pas plus ludique, alors que c'est la seule vocation qu'il peut revendiquer.

Cette ferrata comporte une première partie dans une falaise schisteuse assez raide qu'elle traverse en effectuant plusieurs petites montées et descentes. Après un passage vertical, on débouche sur une vire herbeuse qui continue à traverser avec quelques interruptions rocheuses jusqu'à rejoindre la crête sommitale.

Suivre cette crête à gauche pour redescendre en direction du parking.

VIA FERRATA YVES POLLET-VILLARD 2

LA CLUSAZ - ARAVIS

Départ : parking au troisième lacet sous le col des Aravis (versant La Clusaz) à 1 390 m.
Horaire : 20 mn d'approche ; 1 h 30 de ferrata ; 40 mn de descente.
Dénivellation : 300 m. Longueur du câble : 700 m (une prolongation est prévue pour les années 2000).
Difficulté : alternance de passages sur vires herbeuses et dalles parfois assez raides. Le seul vrai surplomb, très prononcé mais court, est de toute façon évitable par une vire équipée à la fin du parcours.
Conception/réalisation : O. Pellissier et J. Collomb-Patton (guides à La Clusaz)/PRISME (1998).
Altitude maximale et exposition : 1 800 m. Sud-ouest.

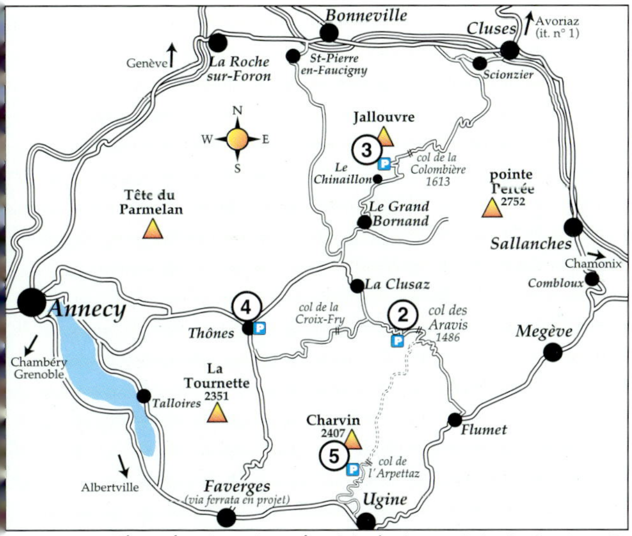

Plan de situation des itinéraires n° 1, 2, 3, 4 et 5.

La ferrata de La Clusaz porte le nom d'un célèbre guide de haute montagne qui mourut dans une avalanche sous le mont Blanc. Il est rare qu'en France une ferrata porte le nom d'un personnage, alors que cela est très fréquent dans les Dolomites. Il est vrai que les ferrata des Dolomites ont une ampleur plus montagnarde et donc plus approprié à ce genre de baptême.

Le cadre est on ne peut plus typique de la Savoie. De l'herbe, des vaches, des chalets. On est ici en montagne. Les traces monstrueuses de l'avalanche qui descend de la combe de Borderan en ravageant une partie du chemin d'accès sont là pour nous le rappeler.

Quant à l'itinéraire, il se caractérise principalement par le fait qu'il est tout en diagonale, ce qui limite le danger de chutes de pierres. Un surplomb prononcé mais évitable, met un point d'orgue à ce bel itinéraire en falaise.

Notons qu'un Suisse s'est permis de "taguer" à la bombe rouge bien voyante le prolongement de la via en direction de l'aiguille de Borderan, revendiquant la première et envoyant des lettres calomnieuses sur les via ferrata et les guides à différentes institutions. Les concepteurs avaient de toute façon le projet de prolonger la via, ce qui sera peut-être fait quand vous irez vous-mêmes. Inutile de prendre une bombe de peinture...

Du parking (un autre parking est situé plus bas sur la route si celui-ci est plein), partir à gauche sur un bon sentier. Peu après, prendre à droite; le sentier de gauche est celui par lequel on reviendra. Arrivé près de l'école d'escalade, le sentier, assez raide, monte vers la falaise sous laquelle il traverse à droite. Le départ n'est plus très loin. La ferrata est une succession de petits murs et de dalles parfois assez raides et de traversées sur des vires herbeuses, interrompues par une petite passerelle.

La fin est marquée par un surplomb prononcé, mais court et très équipé. Il est toutefois conseillé aux personnes qui n'ont pas de bras de sortir par la vire câblée à droite.

Du sommet, un chemin part à gauche vers la combe de Borderan qu'il descend en lacets. Après une cabane, il revient en direction du parking sous l'école d'escalade.

Le surplomb de sortie, redoutable, mais court et évitable.

Un itinéraire tout en traversée au-dessus des alpages du col des Aravis.

LA TOUR DU JALLOUVRE 3
GRAND BORNAND - ARAVIS

Départ : chalets de Cuillery (1 410 m) entre le hameau du Chinaillon et le col de la Colombière, une dizaine de kilomètres au-dessus de la station du Grand Bornand.
Horaire : 20 mn d'approche ; 3 h de ferrata ; 1 h de descente.
Dénivellation : environ 450 m pour la ferrata, mais 590 m au total. Longueur du câble : 1100 m.
Difficulté : quelques ressauts bien lisses dans la première partie. La tour elle-même, au-dessus de la passerelle, présente un passage vertical assez long et vertigineux. Aucun surplomb toutefois.
Conception/réalisation : PRISME (1998).
Altitude maximale et exposition : 2 000 m. Sud-ouest.
Remarque : cette ferrata comprend deux parties bien distinctes avec une sortie au milieu ("la sortie à Fred"). On peut donc concevoir de ne faire que la première partie, évitant ainsi les passages verticaux de la tour.
Attention aux névés dans la descente en début de saison (ferrata fermée du 15 novembre au 15 mai). On peut vérifier préalablement si celle-ci est praticable en l'observant depuis le col de la Colombière (1 613 m).

Voir également le croquis de situation générale de l'itinéraire n° 2.

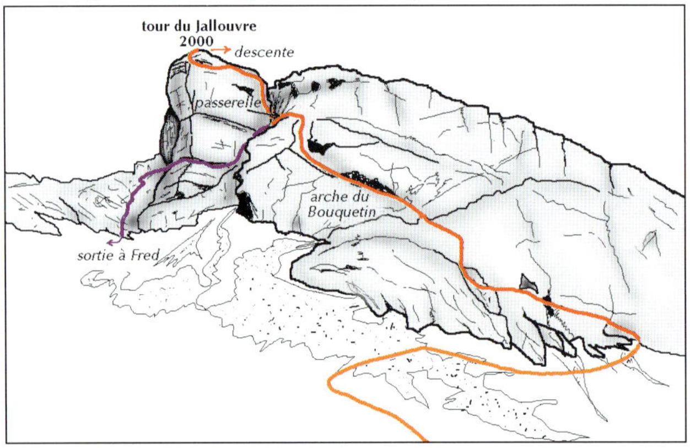

Après le Briançonnais, la Maurienne et l'arrière pays niçois, le massif des Aravis devint le quatrième pôle "ferraté" de France. Situé au nord d'Annecy, il n'abrite pas d'immenses stations inhumaines, mais au contraire de nombreux petits centres touristiques qui ont su garder le charme des villages d'antan. Les chalets savoyards artistiquement fleuris hébergent ainsi l'une des plus fortes densités de population estivale des Alpes.

Il fallait bien offrir à cette foule quelques ferrata dignes d'elle. Après La Clusaz toute proche, et avant Thônes et Faverge (en projet en 1999), la station du Grand Bornand décida donc de créer un itinéraire d'envergure. On parla dans la presse spécialisée de *"première ferrata française à rappeler les Dolomites."* C'est aller un peu loin – nous n'avons pas les montagnes qu'il faut – mais il faut reconnaître que la balade est belle, longue et soutenue, au milieu d'alpages verdoyants qui contrastent admirablement avec le gris clair de ces lapiaz verticaux. Il faut, pour en jouir pleinement, aller jusqu'au sommet du Jallouvre, après les derniers câbles, dans une belle ambiance de montagne.

Du parking signalé par un grand panneau à gauche en montant vers le col de la Colombière, descendre en direction du Jallouvre. On revient à droite sous les dalles grises de ses contreforts. Les premiers câbles remontent ces dalles en oblique à gauche, puis longent un long surplomb ("l'Arche du Bouquetin" ; quelques petits passages assez raides dont un assez sévère : le dévers du "Cul Tourné" après l'arche).

Lorsqu'on arrive au niveau de la tour, il faut traverser sur une vire descendante. L'échappée "à Fred" part à gauche (courte descente sur échelons). Pour continuer, la passerelle du Gypaète (16 m) permet de prendre pied sur la tour que l'on remonte directement (aérien). On traverse ensuite vers la gauche (une passerelle en demi-tronc). Les dalles se couchent de plus en plus jusqu'à la fin du câble. De là, on peut aller au sommet du Jallouvre ou traverser à droite sur des dalles balisées (quelques câbles). Une descente amène dans la combe du Rasoir où l'on rejoint un bon sentier qui descend sur la route un petit kilomètre au-dessus du parking.

La passerelle du Gypaète précède le passage le plus aérien sur la tour elle-même.

VIA FERRATA DE LA ROCHE À L'AGATHE — 4

THÔNES - ARAVIS

Départ : place de la gare à Thônes, petite ville située sur la route des Aravis à quelques kilomètres à l'est d'Annecy.
Horaire : 5 mn d'approche ; 1 h 30 de ferrata, descente en 30 mn.
Dénivellation : 235 m. Longueur du câble : 600 m.
Difficulté : plusieurs surplombs courts mais parfois prononcés. Itinéraire assez soutenu réservé à des personnes entraînées. Une échappatoire à mi-hauteur permet de ne faire que la première partie qui est la plus facile.
La sortie par le long et fort surplomb de l'Ermite est ce qui existe actuellement de plus athlétique en matière de via ferrata. Elle est réservée à des personnes capables de se tracter sur les bras plusieurs fois de suite. Une vire facile permet heureusement de l'éviter par la droite.
Conception/réalisation : OT et bureau des guides de Thônes/PRISME (1999).
Altitude maximale et exposition : 895 m. Sud-ouest.
Remarque : la possibilité de faire la ferrata de nuit (la paroi est illuminée par de puissants projecteurs) est interdite par arrêté municipal.
Voir le croquis de situation générale de l'itinéraire n° 2.

À l'aube de l'an 2000, les offices de tourisme et mairies des communes de montagne ont tendance à vouloir concentrer leurs équipements touristiques autour du village. Je tiens d'un responsable de Thônes ces propos : *"Que la ferrata soit juste au-dessus des maisons, c'est bien, parce qu'on la voit. Il n'y a donc pas de problème pour la faire connaître ; ça crée une animation; ça donne envie aux gens d'y aller et au moins, on surveille facilement ce qui s'y passe."*

Cela vaut mieux d'ailleurs, puisque les guides locaux n'ont pas hésité à équiper un surplomb qui est actuellement le plus dur passage de toutes les ferrata existantes. Une semaine après l'ouverture, un malheureux qui avait surestimé ses capacités physiques est tombé. Un élément de son assurage (probablement une cordelette qui reliait l'absorbeur au baudrier mais qui a disparu…) s'est cassé ou s'est dénoué et il s'est écrasé 200 mètres plus bas. La mairie a donc fait installer depuis une "échelle à l'envers" sur la droite. Le passage était pourtant déjà évitable par une vire câblée, mais beaucoup de pratiquants éprouvent des difficultés à évaluer une difficulté, leurs propres capacités, ou pire se sentiraient honteux de contourner la difficulté. Les panneaux ne suffisent donc pas à faire comprendre ce qui vous attend et il convient de rester prudent, voire de demander à être encordé dans un tel passage. Mais encore faut-il être accompagné de quelqu'un de compétent…

L'accident de Thônes, survenu peu après celui de Valloire, relança certaines polémiques. Faut-il imposer l'encordement ? Comment ? On envisagea également un contrôle au pied de toutes les ferrata, ce qui est de toute façon une obligation pour une mairie qui impose quelque chose. En attendant, devant ces mesures peu réalistes, les élus, responsables de ce qui se passe sur leurs communes, continuent à scruter d'un air anxieux leur bel équipement…

De la place de la gare, on passe sous un souterrain. Ne pas prendre la raide piste bétonnée à droite qui est le chemin du retour, mais aller au bout de la rue au bout de laquelle on trouve le panneau d'information. Quelques lacets mènent à l'attaque. Après un pont de singe, se succèdent traversées, dalles et rampes assez raides dans l'ensemble, toujours en oblique vers la gauche. L'échappatoire à mi-hauteur permet de gagner rapidement le sentier de descente. Sinon, après d'autres petits surplombs et une belle rampe, on arrive sous le fameux surplomb de l'Ermite. Ce passage est exceptionnellement long et athlétique et il ne faut s'y engager que si l'on est capable de supporter son propre poids pendant plusieurs minutes. Il est prudent de se munir d'une petite longe au baudrier avec un mousqueton pour s'accrocher à un barreau si on n'en peut plus. Il est de toute façon conseillé à la plupart des pratiquants d'emprunter l'échelle à l'envers à droite ou de s'échapper par la vire aménagée encore plus à droite. Au-dessus, il reste quelques mètres pour accéder à la plate-forme finale.

La descente débute par de raides passages dans lesquels il est conseillé de rester assuré sur le câble. Le chemin devient ensuite meilleur et ramène tout près du parking.

Un itinéraire "urbain", avant Grenoble.

Le trop célèbre surplomb de l'Ermite, sans doute le plus physique passage actuel en ferrata, heureusement évitable.

Mont Charvin — 5

Ugine - Aravis

Départ : route du col de l'Arpettaz (1622 m), sortie ouest d'Ugine (à droite lorsqu'on est en direction d'Annecy).
Horaire : 3 h de montée jusqu'au sommet et environ 2 heures de descente (horaire sportif : 3 h en tout).
Dénivellation : 900 m - longueur du câble : 1 000 m.
Difficulté : - *Golet de la Trouye et arête Sud* : malgré l'absence de passages verticaux, ambiance vertigineuse tout au long due à la raideur des pentes herbeuses qui encadrent l'arête. Passages exposés sur l'arête Sud où la moindre glissade se solde par une chute de plusieurs centaines de mètres. Il faut être apte à progresser dans des gradins herbeux, parfois sans possibilité de s'assurer. Ne pas emmener de jeunes enfants.
- *Pas de l'Ours/Mène Noire* : câble de 250 m sur une vire herbeuse sans problèmes techniques.
Conception/réalisation : commission extra-municipale de l'environnement d'Ugine/PRISME (1996 à 1997).
Altitude maximale et exposition : 2 409 m. Sud-est

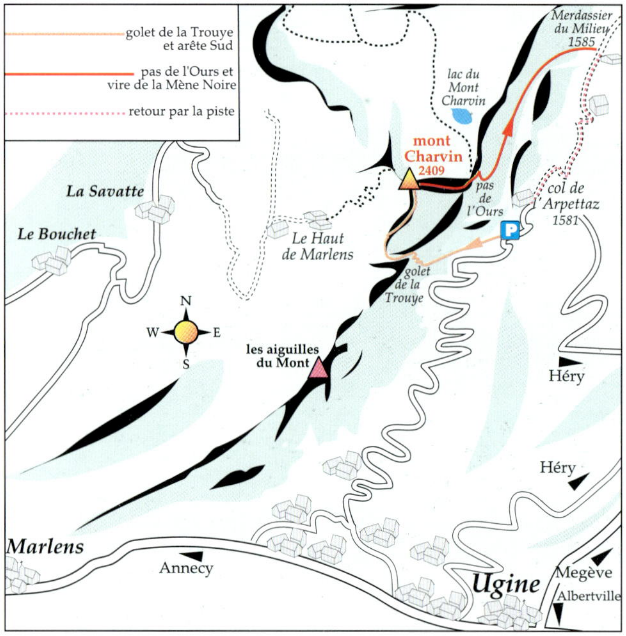

Les spécialistes étaient catégoriques : "Ce n'est pas vraiment une via ferrata !" affirmaient-ils après l'installation d'un câble sur la vire étroite de la Mène Noire qui sépare deux couches de rocher de couleur différente avant le pas de l'Ours, passage déjà usité auparavant sans cet artifice. Est-ce pour cette raison que la commission extra-municipale de l'environnement d'Ugine commença l'année suivante l'équipement d'un itinéraire d'envergure sur l'arête Sud avec le golet de la Trouye en hors d'œuvre ?

Il est certain que la délicate reconversion de la cité industrielle en centre touristique s'accompagne de nombreux projets ambitieux ; et d'après leurs responsables, ce n'est pas fini puisqu'il est question d'une ferrata difficile sur les falaises verticales du Charvin, entre les deux itinéraires actuels. L'objectif avoué est de chercher à satisfaire tous les goûts qui, comme chacun sait, sont dans la nature. Saluons en tout cas cet audacieux dynamisme, cet esprit sportif qui complète à merveille l'aspect tranquille de quelques-uns des plus beaux et des plus actifs alpages de Savoie.

Pour l'instant, les itinéraires choisis sont "alpins" et se contentent de reprendre des parcours traditionnels. Eh oui, les alpagistes du coin n'ont jamais eu froid aux yeux – "À l'époque, on n'avait pas besoin de câbles !" – et ils n'hésitaient pas à remonter l'arête Sud, parfois pour rechercher des chèvres égarées (j'en ai croisées), et apparemment des cochons. La *Trouye* n'a en effet rien à voir avec ce que vous éprouverez certainement ; c'est en fait un mot du patois local qui désigne la truie.

Mais revenons à nos moutons. Les sensations qu'on ressent dans cet itinéraire sont subtilement aériennes, grâce aux lignes fuyantes de tous côtés, à la pureté de l'arête Sud et à l'incroyable panorama qu'on a dans le dos, puisque par beau temps, outre le mont Blanc tout proche, on peut admirer pratiquement tous les 4000 de la Suisse. Le retour par l'arête Est effilée et le pas de L'ours, dans une ambiance pour une fois très montagne, n'est pas le moindre attrait de cette randonnée, de même que la tartiflette de l'auberge située au col de l'Arpettaz...

Se garer dans la boucle avant le col de l'Arpettaz, vers 1 500 m (panneau au départ du sentier). Après une approche raide de 45 mn, le premier câble se rencontre vers 1 850 m, peu avant une sorte de couloir d'éboulis étroit et raide qu'il évite par une dalle câblée de sa rive gauche *(passage de la Sentinelle)*. Il le traverse ensuite et remonte des gradins herbeux très redressés jusqu'à un collet vers 2050 m d'où l'on découvre le versant de Marlens (possibilité de descendre sur le Haut de Marlens par le Cul d'Ugine dans des pierriers). Remonter ensuite toute l'arête Sud qui est une suite ininterrompue de gradins herbeux, parfois caillouteux, au-dessus d'à-pic impressionnants (fortement déconseillé par temps humide).

Du sommet, prendre l'arête Est aérienne (plusieurs petits passages câblés) jusqu'à un petit col à 2 160 m, départ de la petite via ferrata qui traverse la Mène Noire jusqu'au pas de l'Ours (2 130 m) et ramène par le chemin des Mortines sur la piste à 3 km au nord du col de l'Arpettaz, au chalet du Merdassier du Milieu (1 585 m). On revient au col de l'Arpettaz par la piste.

L'arête Sud offre davantage une randonnée du vertige qu'une via ferrata physique, mais quelle ambiance !

Après le passage de la Sentinelle, le début de l'arête Sud, une succession de gradins herbeux.

À la descente, la fameuse vire de la Mène Noire.

VIA FERRATA DU ROC DU VENT ______________ 6

LAC DE ROSELEND - BEAUFORTAIN

Départ : d'Albertville, aller à Beaufort. De Beaufort ou d'Arêches, monter au lac de Roselend. On voit très bien le Roc du Vent qui domine la pointe nord-est du lac. Continuer sur la route du Cormet de Roselend en direction de Bourg-Saint-Maurice. Après 3 lacets, on trouve le refuge du Plan de la Lai (1 813 m) à gauche. Laisser la voiture sur le petit parking situé juste après.

Horaire : 50 mn d'approche ; 2 à 3 h de ferrata ; 30 mn de descente.

Dénivellation : approche : 237 m ; ferrata : 310 m, mais il faut en plus prendre en compte le passage sur les arêtes sommitales et la descente câblée au tunnel. Longueur : 2000 m dont 850 m câblés.

Difficulté : longue balade en altitude dans un cadre magnifique et parfois impressionnant, surtout sur le pont népalais. Aucun passage athlétique toutefois.

Conception/réalisation : Jacques Maurin/PRISME et CITEM (1999).

Altitude maximale et exposition : 2 360 m. Sud.

Remarque : une lampe sera appréciée dans le tunnel.

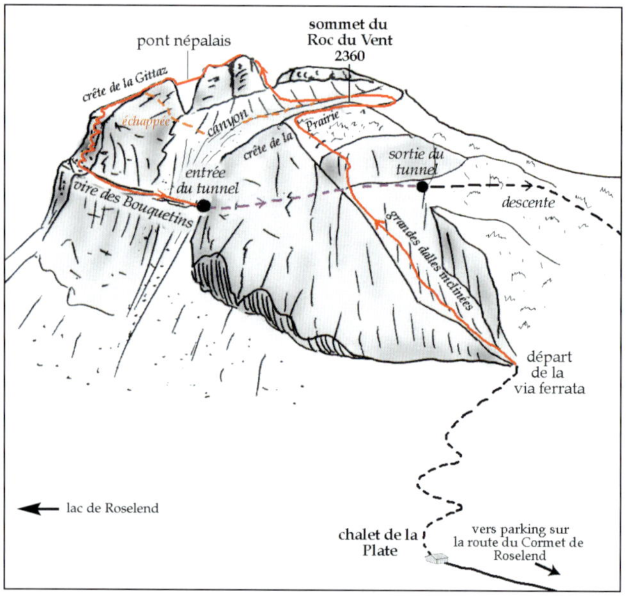

La beauté du site est l'une des caractéristiques essentielles de cette balade qui se déroule en altitude, entre mont Blanc et lac bleu. Comme il s'agit d'une des rares ferrata françaises atteignant un sommet, qui plus est en montagne, il y eut quelques grincements de dents, même à Beaufort. L'accord de principe entre les associations et les équipeurs était quelque peu égratigné...

Toutefois, l'itinéraire est tellement logique, il permet de telles visions sur le mont Blanc et le cadre exceptionnel du lac de Roselend, que l'on ne peut que remercier les concepteurs de ne pas avoir voulu garder ce bijou pour eux seuls. La personnalité de Jacques Maurin, qui n'est autre que le président des guides de la Vanoise, aida sans doute à la réalisation du projet. L'ascension du Roc du Vent ne présentait de toute manière aucune difficulté par le chemin que l'on utilise ici à la descente, et comme au Charvin, la ferrata permet finalement une approche plus sportive du sommet. Enfin, les aficionados des Dolomites apprécieront la présence d'une galerie qui rappelle de façon émouvante celles qui furent creusées par les militaires de la guerre de 1915/1918 sur l'ancienne frontière autrichienne et que de nombreuses via ferrata utilisent aujourd'hui.

Celle-ci est due à un projet qui avait germé peu avant la seconde guerre mondiale dans des esprits un peu fumeux : la construction d'une route qui relierait tous les grands cols des Alpes sans descendre au-dessous de 2 000 mètres. Des réfugiés politiques de la guerre d'Espagne furent mis à contribution et creusèrent donc ce tunnel sur environ 200 mètres. On a du mal à croire qu'une route aurait pu passer à cet endroit, mais on se dit que, finalement, le travail des réfugiés espagnols de 1936 aura au moins servi à quelque chose.

Du parking, suivre le sentier du Roc du Vent et tourner à gauche après un torrent. Après le chalet de la Plate, monter en suivant les panneaux jusqu'au pied des grandes dalles inclinées de droite à gauche qui prennent en écharpe tout ce versant du Roc du Vent. On remarque un gros câble à terre. C'est celui qui servit aux travaux du tunnel.

Remonter les grandes dalles jusqu'à une première terrasse sous un ressaut plus raide. On remarque que des gens apparaissent mystérieusement 50 mètres à droite. Ils sortent du tunnel par lequel la ferrata se termine et entament la descente vers le parking.

Après les derniers ressauts, remonter une pente herbeuse jusqu'à la crête sommitale. On aperçoit plus bas la vire câblée des Bouquetins par laquelle on atteindra au retour l'entrée du tunnel. Pour l'heure, suivre la crête sur la droite. Si on a de la chance, on peut voir des ferratistes passer sur le pont népalais de l'autre côté du canyon qui entaille le sommet. Rejoindre le fond de ce canyon et revenir en direction du pont népalais. Monter sur la tour à droite par une raide série d'échelons. Une courte arête amène au pont. De l'autre côté continuer sur la crête de la Gittaz (possibilité de gagner le fond du canyon par une cheminée à gauche. Ceux qui avaient voulu éviter le pont peuvent rejoindre l'itinéraire de descente en remontant par là) et descendre un raide couloir qui amène sur la vire des Bouquetins précitée. La suivre jusqu'à l'entrée du tunnel.

De l'autre côté, le chemin de descente est évident.

Le pont népalais (un câble pour les pieds, deux pour les mains). Au fond, le mont Blanc.

Depuis le sommet de la première partie, on découvre la seconde et le pont népalais, devant le lac de La Gittaz.

LES VIA FERRATA DE COURCHEVEL — 7

CROIX DES VERDONS ET LAC DE LA ROSIÈRE - HAUTE TARENTAISE

Départ : sommet du téléphérique de la Saulire (Courchevel 1850), qui fait suite à la télécabine des Verdons, ouvert seulement 3 jours par semaine en été ; se renseigner préalablement à l'Office du Tourisme (ainsi qu'à celui de Méribel d'où l'on peut monter certains jours par la télécabine du Plan du Lac). Hors saison, on peut monter en 4 x 4 sur la piste, mais celle-ci est réglementée en été. À pied, compter 2 heures d'approche.
Horaire : de la gare supérieure du téléphérique, 15 mn d'approche, puis 2 h de ferrata ; compter 1 h pour redescendre à la gare intermédiaire.
Dénivellation : non significative car en traversée sur une arête hérissée de gendarmes. Longueur du câble : 1 000 m.
Difficulté : passages assez raides, avec quelques surplombs, dans la descente du *Curé* et dans les dalles du sommet Sud. Le reste, peu soutenu, se déroule sur des arêtes et des vires. La difficulté est atténuée par des échelons très rapprochés.
Conception/réalisation : bureau des guides de Courchevel/ELITE (1997).
Altitude maximale et exposition : 2 739 m (c'est la plus haute de France) - l'itinéraire se déroule plutôt sur le versant est des arêtes.
Remarque : ferrata fermée dès les premières neiges (le câble est retiré).
- Il existe sur Courchevel une petite ferrata d'initiation au lac de la Rosière ; voir encadré.

La raide et austère descente du Curé.

La traversée des arêtes de la Croix des Verdons (*de Verdon* sur certaines cartes) est amusante, car elle franchit plusieurs "gendarmes" (tours rocheuses) dont l'un est très redressé : *le Curé.* C'est la démonstration que l'on peut créer des ferrata ludiques et intéressantes dans un terrain tourmenté a priori peu propice à l'escalade et se procurer des sensations malgré l'absence de grandes falaises.

On devine dans cette réalisation une volonté évidente de participer au développement touristique. En effet, on peut, pour accéder au départ, prendre le téléphérique de la station, principe qui existe aussi dans les Dolomites (aux *Trincee* depuis la station d'Arabba par exemple) et qui a au moins le mérite de résoudre le problème du coût d'entretien, puisqu'une partie des recettes du téléphérique peut être attribuée à la ferrata.

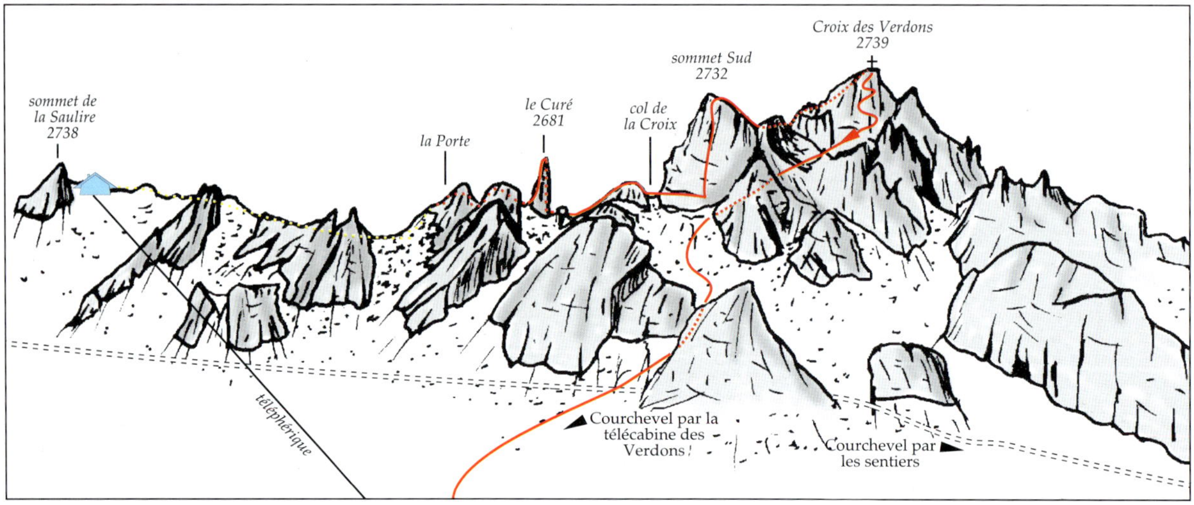

Depuis la Porte, découverte du Curé pris d'assaut par un groupe de ferratistes.

Le cas est pour l'instant unique parmi les stations qui se sont équipées d'une ferrata en France*. Toutes n'ont pas la chance de disposer d'arêtes ou de falaises au sommet d'une remontée mécanique. C'est donc plus souvent un effet indirect qui est espéré par le biais de la fréquentation des commerces, de l'hôtellerie et bien sûr, du bureau des guides, lesquels sont bien souvent les concepteurs des ferrata. Certains font plus de 10 % de leur chiffre d'affaire grâce à elles. Dans certaines stations, comme aux Orres par exemple, les via ferrata ont même créé une activité de guide qui n'existait pas auparavant. Puisse le goût de l'aventure subsister chez eux malgré cette manne...

La via ferrata du Lac de la Rosière

Dans un site très romantique, Courchevel et Prisme ont créé une petite ferrata d'initiation en 1999. Divisée en deux sections bien distinctes de chaque côté du torrent issu du lac, elle s'adapte parfaitement aux enfants ou aux débutants avant des objectifs plus sérieux. L'accès est aisé par une piste qui descend dans le creux du lac (1 500 m) depuis le premier virage de la route du Belvédère qui part au centre de Courchevel 1650. La longueur des deux sections, qui sont surtout en traversée, est de 600 mètres. On peut mettre une heure pour chaque section.

Du sommet du téléphérique de la Saulire (2 738 m), descendre en traversée vers le nord. On voit de loin le panneau blanc qui marque le début de la ferrata. Après une montée dans des gradins et des blocs, le câble passe une petite brèche *(la Porte)* puis redescend versant Méribel jusqu'au pied du "Curé" (2 681 m), monolithe impressionnant que l'on gravit et que l'on redescend par des dalles lisses et très verticales. On gagne ensuite facilement le col de la Croix avant de traverser sous la face Est du sommet Sud (2 732 m). On atteint celui-ci par de belles dalles lisses et aériennes. La Croix des Verdons n'est plus très loin et, après un petit col, s'atteint par un système de vires sur le versant Méribel.

La descente s'effectue dans un couloir d'éboulis câblé versant Courchevel. Ensuite, on regagne la station inférieure du téléphérique par une trace raide (neiges tardives) puis des pentes herbeuses.

** Si l'on considère que l'accès à celle d'Auron par télésiège depuis Saint-Etienne de Tinée est plus ou moins abandonné au profit d'une piste carrossable et que le téléphérique de Grenoble sert (éventuellement) à la descente.*

VIA FERRATA DE LA CASCADE DE LA FRAÎCHE — 8

PRALOGNAN-LA-VANOISE - HAUTE TARENTAISE

Départ : du centre de Pralognan, suivre les panneaux qui indiquent la cascade de la Fraîche, située quelques minutes au sud-est, sous la grande face Nord du Grand Marchet.
Horaire : 5 mn d'approche ; 45 mn de ferrata (horaire sportif : 8 mn…).
Dénivellation : 75 m. Le câble fait moins de 200 m en comptant les variantes. C'est la plus petite ferrata de France.
Difficulté : passages assez raides et impressionnants.
Conception/réalisation : bureau des guides de Pralognan/PRISME (1999).
Altitude maximale et exposition : 1 500 m - nord-ouest.

La plus petite ferrata de France serait-elle la plus belle ? C'est ce qu'on se demande lorsqu'on grimpe le long de la cascade de la Fraîche sur un granit solide et joliment coloré. La traversée au-dessus de la cascade sur un pont de singe laissera en plus quelques souvenirs. Il faut venir là quand les torrents sont en crue. La fureur de l'eau ionisée amplifie alors les sensations et procure même une certaine ivresse. J'avoue l'avoir faite et refaite plusieurs fois dans les deux sens, pour le plaisir des yeux.

Du virage de la route, un petit sentier conduit en 5 minutes à la cascade. Le câble qui grimpe sur sa rive droite propose une variante en cas de trop gros débit. On peut aussi, avant le pont de singe, s'enfiler dans le court canyon de la partie haute qui est câblé. Mais c'est le pont de singe et la suite qui sont le plus intéressant. Descente par le chemin à droite.

La ferrata de Pralognan est certes la plus petite de France, mais elle est peut-être la plus belle.

VIA FERRATA DES BETTIÈRES 9

PEISEY-NANCROIX - TARENTAISE

Départ : quitter la vallée de l'Isère après Aime en direction de Peisey-Nancroix à droite. Dépasser ce village et poursuivre jusqu'au bout de la route goudronnée. Le parking se situe en face de la porte de Rosuel du Parc National de la Vanoise, à 1 540 m.

Horaire : 10 mn d'approche, 1 h 30 de ferrata ; 1 heure pour la descente en tenant compte du fait qu'il faut d'abord monter pour rejoindre le sentier qui vient du refuge du Mont-Pourri

Dénivellation : 200 m de ferrata + 100 m de pente herbeuse au sommet. Longueur du câble : 500 m en comptant les deux échappatoires.

Difficulté : plusieurs passages verticaux mais peu soutenus au début. La sortie au-dessus de la vire intermédiaire comporte un très fort surplomb, assez long de surcroît. Une échappatoire est prévue juste avant et conseillée aux personnes dépourvues de force dans les bras.

Conception/réalisation : bureau des guides de Peisey-Nancroix / PRISME (1997).

Altitude maximale et exposition : 1 910 m. Sud.

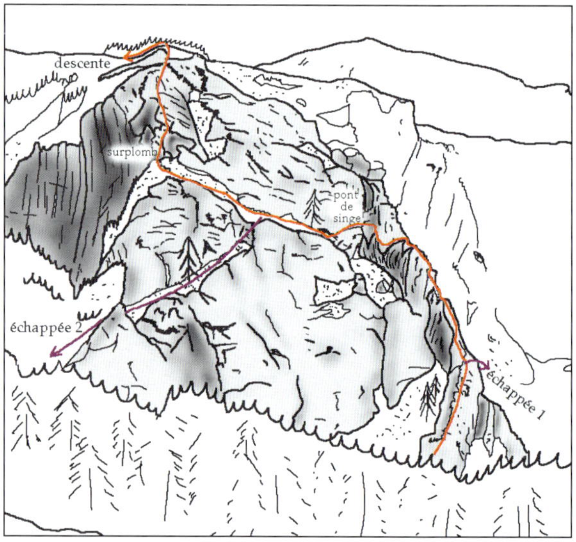

On est là dans une vallée typique de la Vanoise, aux portes du premier parc national de France. Le sommet de Bellecôte (3 417 m) se trouve juste en face et le mont Pourri (3 779 m) au-dessus. On utilise d'ailleurs le chemin d'accès au refuge du Mont-Pourri pour la descente. Bien qu'au pied de si hautes et si massives montagnes, le site est reposant. La petite barre rocheuse qui sert de terrain de jeu aux ferratistes domine une étendue plate et verdoyante où paissent de nombreuses vaches. On oublie donc facilement que cette vallée se faufile entre deux des plus grandes stations des Alpes : Les Arcs et La Plagne.

À mi parcours, le pont de singe. Au fond, le mont Pourri.

Le surplomb de sortie. À ne pas sous-estimer…

Un rocher bizarre, mais finalement solide.

Quant à la ferrata elle-même, elle se caractérise par un surplomb redoutable, presque aussi physique que celui de Thônes. Mais comme à Thônes, on peut toujours s'échapper avant par une vire qui redescend à gauche. Il ne faut pas s'en priver si l'on se sent fatigué après une première partie qui n'est pas de tout repos.

Il faut malheureusement garder à l'esprit que ce genre de surplomb a été à l'origine d'accidents graves.

Des échelons équipent une sorte d'arête-pilier parfois verticale (échappatoire en cours de route à droite). Après un court pont de singe, on redescend légèrement et on traverse vers le surplomb (échappatoire en descente à gauche). Le surmonter et sortir par des dalles. Il faut encore remonter des pentes herbeuses sur une centaine de mètres avant de trouver le chemin du refuge du Mont-Pourri qu'on suit à gauche.

Les via ferrata de Val d'Isère — 10

Haute Tarentaise

Les ferrata de la station de Killy sont très appréciées des amateurs de vide. Elles évoluent en effet sur les raides falaises de près de 300 m qui encerclent la route à l'entrée de la station. La sensation de vide est accentuée du fait que l'on aperçoit en bas des points de repères familiers : voitures et bâtiments qui paraissent minuscules.

La ferrata de Tovière peut être considérée comme l'une des plus difficiles de France du fait de sa longueur et de son caractère athlétique soutenu, surtout dans la deuxième partie. À sa création, la longue traversée finale achevait la plupart des ferratistes, déjà éprouvés par la magnifique dalle au-dessus de la passerelle. Depuis, quelques passages ont été facilités par des rampes et une échappatoire a été créée après la dalle.

Notons que cette passerelle, qui mesure curieusement 1,50 m de plus que celle des Aiguillettes de la Colmiane, qui était la plus longue jusqu'alors, ne détint son record que quelques jours. Auron en installait déjà une de 46 m, mais Le Caire ne tardait pas à répliquer avec ses 59 m. C'est la guerre...

Via ferrata des Plates de la Daille :

Départ : peu après le lac du Chevril, la route venant de Bourg-Saint-Maurice sort des gorges au niveau d'une carrière (à gauche) que domine la falaise où se déroule la via. On entre alors dans la station de Val d'Isère ; repérer à gauche le bâtiment de "Pierre et Vacances". Le sentier d'accès démarre juste sur sa droite. Se garer un peu plus loin de l'autre côté de la route.
Horaire : 5 mn d'approche ; 2 à 3 h de ferrata ; 45 mn de descente sur un bon sentier.
Dénivellation : environ 400 m au total dont 350 m de ferrata, laquelle se développe sur 600 m de longueur.
Difficulté : alternance de passages sur vires herbeuses et sur dalles rocheuses. Deux courts surplombs et une descente peuvent poser problème aux "petits bras". Ambiance très vertigineuse sur la fin.
Conception/réalisation : Service des pistes de Val d'Isère (Guy Bonnevie)/PRISME (1995).
Altitude maximale et exposition : 2 250 m. Sud-ouest.

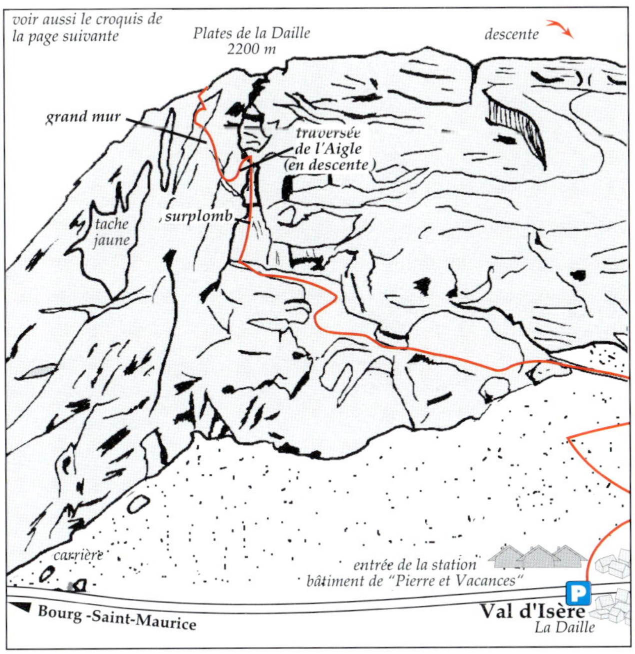

Sortie de la première partie raide des Plates de la Daille.

Après deux lacets, le chemin (marque jaune et panneau bien visible de la route) laisse place au câble. Il se poursuit dans des barres rocheuses et des vires faciles, traverse un grand couloir herbeux et arrive devant un mur vertical suivi d'un surplomb assez prononcé. Une sorte d'arête moins raide amène ensuite sur un replat herbeux sympathique (balise radio). Le câble part alors à gauche et *descend* un pan très vertigineux qui domine la route d'accès (traversée de l'Aigle). Il chemine ensuite sur une écharpe facile en direction d'une grande envolée d'échelon dans un mur raide au milieu duquel se trouve une courte dalle surplombante. Tirant toujours vers la gauche, il traverse une dalle grise et sort au sommet vers 2 200 m dans des alpages. Un chemin taillé pour la circonstance monte encore quelques mètres et redescend sur la droite en lacets.

12 - VAL D'ISÈRE - TOVIÈRE

Via ferrata de Tovière :

Départ : cette ferrata se situe en face de la précédente, sur la falaise qui domine la route à droite en arrivant à Val d'Isère (de la route, on voit bien la passerelle de 41 m). Le départ est sur le parking privé de la Daille (1 800 m). Pour le parking, rester sur la route de la station.

Horaire : aucune approche; 1 h 30 pour le premier tronçon ; 1 h 30 pour le second. Descente 20 à 40 mn selon que l'on s'arrête ou non entre les deux.

Dénivellation : 300 m pour la première partie ; 247 m pour la seconde. Au total 547 m. La longueur totale du câble est de 1400 m (750 + 650).

Difficulté : La première partie présente quelques passages assez raides, dont une traversée à bras qui n'est pas conseillée aux personnes non entraînées, mais l'ensemble est peu soutenu. La seconde partie est parmi ce qui se fait de mieux en matière de vide et de passages athlétiques soutenus. Réservé aux personnes entraînées et habituées au vide, avec, de préférence, une expérience de l'escalade.

Conception/réalisation : Service des pistes/PRISME (1998).

Altitude maximale et exposition : 2 300 m. Nord-est.

Remarque : on peut aller directement à la passerelle par un bon chemin (40 mn - voir plan) et ne faire que la seconde partie.

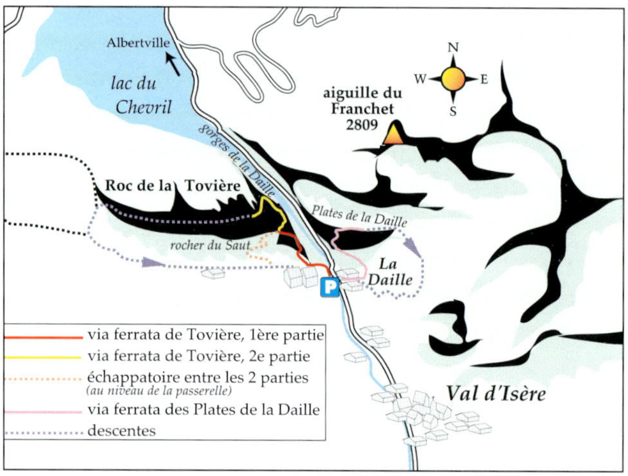

Le câble démarre sur le bord du parking privé de la Daille, à l'entrée de la station, entre les immeubles et le pied de l'arête du rocher du Saut. Il franchit de nombreux ressauts dans une architecture tourmentée. L'itinéraire change constamment de direction, traverse deux entailles sur des ponts en demi-tronc, puis part à droite au-dessus de la route. Une traversée à bras mène à une passerelle de 6,50 m. On monte ensuite en oblique sur des gradins herbeux jusqu'aux abords de la grande passerelle.

Là, pour ceux que la vision de la suite n'inspirerait pas, une sortie à gauche permet de redescendre rapidement à la voiture.

Le départ se fait vraiment dans la station.

Sinon, une fois la passerelle de 41,50 m franchie, il faut monter droit dans la dalle lisse qui fait suite. Ce passage exceptionnel est rendu difficile par la présence d'un petit surplomb peu équipé dans lequel il vaut mieux avoir quelques ressources. Après la dalle commence une longue traversée difficile dans la falaise qui surplombe directement l'Isère et la route. Les âmes sensibles pourront constater que ladite falaise est par endroit surplombante sur près de 200 m. Cette traversée *"impegnativa"*, comme diraient les Italiens, est de plus très soutenue dans la difficulté. Il faut grattoner avec les pieds, sur des prises déversées et glissantes, et on est souvent pendu par les bras. Une bonne endurance est souhaitable. On remonte enfin dans un dièdre vertical. Mais la traversée reprend sur plusieurs dizaines de mètres. Un autre dièdre vertical, puis moins raide, et l'on débouche dans des pentes herbeuses. Hélas, il reste 150 m de dénivellation dans ces gradins terreux pour aller au sommet (2 347 m). Normal ! vous n'avez presque fait que traverser jusqu'à présent...

Pour la descente, partir à droite (ouest) du sommet (et non sur l'arête immédiatement à gauche, dangereuse - barres rocheuses) sur l'arête Ouest et rejoindre le vallon de la Tovière.

Les ambiances feutrées de la première partie de Tovière délassent l'esprit avant les épreuves de la seconde.

La passerelle depuis la grande dalle qui lui fait suite : l'une des plus belles ambiances des via ferrata françaises...

...pour les amateurs de gaz, mais il faut savoir se ménager, car ce n'est pas fini...

VIA FERRATA DU DIABLE — 11

AUSSOIS/AVRIEUX/LA NORMA - HAUTE MAURIENNE

Départ : trois départs sont possibles :
- parking de la redoute Marie-Thérèse, en bordure de la route qui remonte la haute Maurienne, environ 5 km après Modane.
- Parking de l'entrée du fort Victor-Emmanuel sur la route d'Aussois qui prend à la sortie de Modane. On traverse le fort pour commencer par la *Descente aux Enfers.*
- Depuis 1999, on peut aussi venir d'Avrieux par le chemin de la Vierge, grande traversée qui débouche à la cascade du Nant.

Horaire : 1 h 30 pour le *Chemin de la Vierge,* 40 mn pour la *Traversée des Anges* ; 1 h pour la *Montée au Ciel* ; 1 h pour la *Descente aux Enfers* et la *Montée du Purgatoire.*
- Compter donc environ 3 h pour la boucle classique *(Anges, Montée au Ciel, Enfers/Purgatoire).*
- Compter 6 h pour la plus grande boucle avec retour sur Avrieux par un sentier.
- Rajouter 1 h si vous voulez faire le tour des remparts par les ferrata pour enfants : *Angelots* et *Diablotins* (entre la *Montée au Ciel* et la *Descente aux Enfers).*

Dénivellation : peu significative car parcours en traversée. La falaise sous le fort Victor-Emmanuel fait quand même près de 200 m.

Longueurs :
- Chemin de la Vierge : 1200 m dont 700 m câblés.
- Traversée des Anges : 360 m câblés.
- Montée au Ciel : 450 m câblés.
- Descente aux Enfers + Purgatoire : 950 m dont 450 m câblés.

Le total de la plus grande boucle est donc d'environ 3 km (sans compter le retour à Avrieux) dont 2 km câblés.
- On pourrait y ajouter les 900 m de câbles des deux ferrata pour enfants : *les Angelots* et *les Diablotins,* faisables entre la *Montée au Ciel* et la *Descente aux Enfers.*

Difficulté : les quatre sections comportent des passages assez impressionnants et à bras, même assez sévères et soutenus dans la fin du *Purgatoire.*

Conception/réalisation : Patrick Col/PRISME (1995 à 1999).

Altitude maximale et exposition : 1354 m. Nord dans le Chemin de la Vierge, la Traversée des Anges et le Purgatoire qui ne voient guère le soleil. En revanche, la Montée au Ciel, exposée au sud, est très ensoleillée.

Le surplomb de la "Montée au Ciel".

Dans la "Montée au ciel". On devine à gauche le fort Victor-Emmanuel.

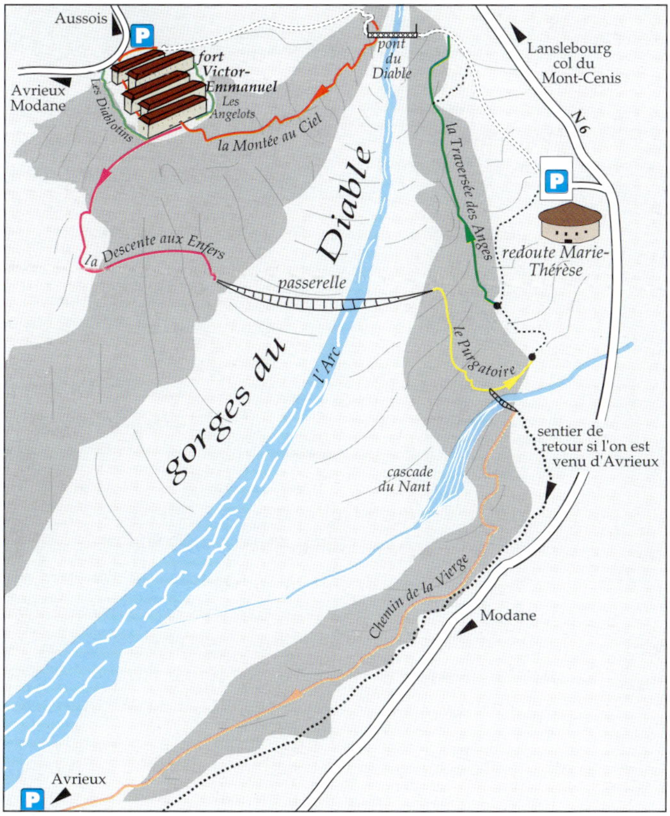

Située dans les gorges de l'Arc, cette combinaison de ferrata a connu dès sa création un succès qui n'a cessé de croître par la suite, au fur et à mesure des aménagements qui l'ont allongée et rendue plus attractive. Elle évolue au milieu des forts monumentaux de l'Esseillon construits par les Sardes entre 1820 et 1832, époque où la Savoie n'était pas encore française. Vous pouvez traverser entièrement le plus grand d'entre eux, le fort Victor-Emmanuel qui est composé de huit bâtiments différents où chemine un escalier géant dans un tunnel. Cela ajoute à l'aspect très ludique du parcours.

En fait, il faudrait parler de six ferrata différentes, chacune étant faisable séparément ; mais l'ensemble est conçu de telle sorte que l'on peut les enchaîner et réaliser ainsi le plus grand parcours existant en France. Il s'agit en outre de l'un des plus difficiles ; l'intégrale ne s'adresse donc pas au premier venu.

C'est l'accès récent par le très beau chemin de la Vierge depuis le village d'Avrieux qui permet l'enchaînement le plus long. On découvre ainsi progressivement le site exceptionnel des gorges de l'Arc et du fort Victor-Emmanuel, et l'on ressent un choc en débouchant au-dessus de la cascade du

11 - VIA FERRATA DU DIABLE

Aussois est devenue un must de la ferrata hivernale, un purgatoire pour ceux qui ont beaucoup péché...

Sur le "chemin de la Vierge".

Nant. L'ambiance est déjà très impressionnante, d'autant plus que l'on peut voir juste en face ceux qui sortent du Purgatoire, passage qui marquera la fin de ce périple câblé.

La *Traversée des Anges* rase le haut d'un grand surplomb jaune. La suite devait initialement passer sous le spectaculaire pont du Diable. Mais la découverte d'un nid de faucons incita les équipeurs – écologie oblige – à sortir avant par un petit mur raide après quelques surplombs éprouvants.

La Montée au Ciel rejoint en diagonale le fort Victor-Emmanuel. Après quelques surplombs très prononcés, on peut aller visiter le fort ou en faire le tour par deux petites ferrata théoriquement réservées aux enfants avant de replonger – pour les plus entraînés – dans la gorge du Diable par la bien nommée *Descente aux Enfers,* très raide, qui donne accès à la passerelle permettant de traverser l'Arc. Une traversée délicate, puis on longe, peu après, la cascade du Nant. Mieux vaut être sûr de sa force car le passage final est athlétique et soutenu. On se retrouve alors à quelques mètres du début de la Traversée des Anges et devant la passerelle du chemin de la Vierge.

Notons pour finir que cette ferrata est devenue un *must* hivernal ; Le spectacle devient féerique, on est

Le Purgatoire et la cascade du Nant vus de la nouvelle passerelle reliée au chemin de la Vierge.

tranquille, et au moins, on n'a pas trop chaud. le guide Patrick Col emmène volontiers ceux qui prétendent à cette aventure inoubliable. La pratique de la ferrata en hiver, que j'ai inaugurée et défendue dans un grand magazine de montagne, est particulièrement intéressante. Plus technique, elle fait appel à de réelles qualités d'alpiniste; contrairement à ce que l'on peut penser, le froid n'est pas tant à redouter car on bouge sans arrêt, on racle, on souffle, et il faut même prendre garde à ne pas trop s'habiller.

Malheureusement, la plupart des communes, par peur du moindre incident, interdisent tout simplement leur ferrata en période hivernale. Certains itinéraires, soumis aux avalanches ou aux chutes de glace, sont évidemment impraticables. Mais quand on voit l'absence totale de dangers objectifs dans une ferrata comme celle-ci et la manière dont les guides pourraient y travailler, on est en droit de demander aux élus un peu plus d'audace, aux guides un peu plus d'imagination, et aux pratiquants, tout de même, beaucoup de prudence...

La descente aux Enfers.

Chemin de la Vierge : peu après Modane, prendre à gauche la route d'Avrieux-Aussois. Après environ 500 mètres, une piste carrossable indiquée "chemin du Petit Bonheur" part à droite. L'emprunter jusqu'à ce qu'on trouve un panneau : *chemin de la Vierge*. Après 15 mn de marche on trouve les premiers câbles et l'on traverse toutes les barres rocheuses qui surplombent l'Arc jusqu'à la cascade du Nant que l'on franchit par une passerelle. Nombreuses petites redescentes, dont la plus spectaculaire par une échelle à l'envers dans un surplomb. Le passage avant la passerelle est assez raide et impressionnant. Du bout de la passerelle, remonter vers le parking de la redoute Marie-Thérèse, qui constitue un autre point de départ.

Traversée des Anges : du parking de la redoute Marie-Thérèse, descendre en direction de la gorge de l'Arc et longer une barrière en bois au bord des falaises jusqu'à son extrémité gauche. Si l'on vient du chemin de la Vierge, on arrive juste à cet endroit. Le départ est signalé par un panneau. La traversée domine un impressionnant surplomb au bord duquel on progresse, d'où une forte impression de vide ; quelques passages athlétiques amènent à une dalle verticale qui sort non loin du pont du Diable.

La Traversée des Anges est évitable par une piste qui descend directement au pont du Diable.

Montée au Ciel : traverser le pont du Diable et faire quelques mètres sur le chemin à droite ; un portail et un panneau indiquent le départ. On revient sous le pont puis on traverse jusqu'au rempart du fort Victor-Emmanuel (un surplomb assez marqué peu avant).

De là, on peut, si on ne désire pas enchaîner avec la Descente aux Enfers, rentrer dans le fort par une lucarne, le traverser entièrement et revenir par le chemin à droite qui ramène au pont du Diable. On peut aussi faire les petites via ferrata (*Les Angelots* et *Les Diablotins* - 400 et 500 m) qui ont été installées sur les remparts pour l'initiation et faire ainsi le tour du fort.

Si on s'est garé à l'entrée du fort Victor-Emmanuel, on traverse le fort dans l'autre sens jusqu'à la lucarne.

Descente aux Enfers et *Montée du Purgatoire* : de la lucarne précitée, traverser au pied du rempart vers l'ouest puis descendre un bon sentier jusqu'au bord de la falaise où se trouvent les câbles qui traversent dans des roches détritiques et poussiéreuses. Un ressaut très raide permet de rejoindre la passerelle de 20 m environ qui traverse l'Arc. De l'autre côté, on retraverse à gauche puis on grimpe le long de la belle cascade du Nant par des ressauts très raides et athlétiques (soutenu - déconseillé aux petits bras).

Si l'on est venu de la redoute Marie-Thérèse, inutile de passer la passerelle, mais monter à gauche par un petit sentier.

SI l'on est venu par le chemin de la Vierge, franchir la passerelle et tirer à gauche par une sente dans la forêt qui ramène vers Avrieux.

Entre "Descentes aux Enfers" et "Purgatoire", qui ne constituent en fait qu'une seule et même ferrata.

VIA FERRATA DU TÉLÉGRAPHE — 12

FORT DU TÉLÉGRAPHE (SAINT-MARTIN D'ARC ET VALLOIRE) - MAURIENNE

Départ : sortir de l'autoroute de la Maurienne à Saint-Michel-de-Maurienne et gagner juste à côté Saint-Martin d'Arc puis le hameau des Culées.
Horaire : 45 mn d'approche, 2 h des premiers câbles au fort, 1 h de descente.
Dénivellation : environ 900 m (de 700 à 1610 m).
Difficulté : un seul court passage est assez impressionnant (très aérien), mais ne comporte pas de surplomb. Le reste relève davantage de la randonnée, parfois câblée.
Conception/réalisation : ONF/PRISME (1997).
Altitude maximale et exposition : 1 610 m. Sud.

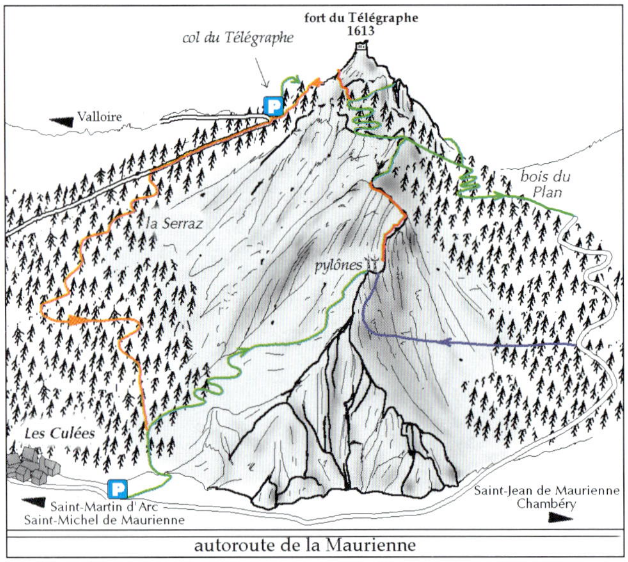

Cette randonnée ferrée au-dessus de la Maurienne industrielle ne présente pas l'attrait de la plupart de ses voisines, dont celles de Valloire, qui est d'ailleurs très proche du fort du Télégraphe. La longueur des sections où l'on marche et la brièveté du seul passage aérien découragent beaucoup de ferratistes ; on peut donc s'y trouver assez tranquille. Il faut tout de même dire à sa décharge que l'on oublie assez vite la vallée et ses usines, et que la balade est finalement agréable et rendue intéressante par des panneaux thématiques sur la faune, la flore et les activités humaines tournant autour du fort.

Monter par un sentier en lacets en direction de deux pylônes bien visibles de la route et situés sur une sorte de col bordé à gauche par un ressaut rocheux. Des câbles assurent les passages les plus délicats, surtout dans les dalles avant les pylônes. De ceux-ci, gravir le ressaut rocheux cité par un court passage vertical, remonter l'arête qui suit pour arriver devant "le" passage : une traversée les pieds au bord d'un toit ; le gaz est garanti, de même que dans les quelques mètres qui suivent. Mais après une arête plus facile, il faut se dire que c'est fini. Du moins, il faut beaucoup marcher sur des sentiers en direction du fort. Peu avant celui-ci, une traversée câblée est indiquée qui passe sous les remparts et permet de retrouver le col du Télégraphe sur la route de Valloire. De là, on peut descendre soit par cette route que l'on suit jusqu'au sentier de La Serraz, soit par un petit chemin qui part de l'autre côté du col (forêt de Bois de Plan) et rejoint une piste forestière dans le vallon de la Valloirette. En bas, il faudra alors traverser le long de l'autoroute pour retrouver le parking.

Remarque : une solution plus sympathique et moins "industrielle" consiste à se garer au fort et à descendre d'abord par la forêt de Bois de Plan. De la piste forestière, dans une vaste plantation de mélèzes, un premier chemin à droite (panneau *via ferrata haute*) mène bien au-dessus du ressaut difficile, aux batteries basses. On ne fera donc que la partie câblée qui traverse sous les remparts du fort. Si l'on désire faire le ressaut "gazeux", continuer à descendre sur la piste jusqu'à un second panneau : *parking des Culées, départ via ferrata*. On passe sous une première conduite EDF, puis sous une seconde, 100 mètres après laquelle on trouve des câbles dans un sentier escarpé. On arrive ainsi aux pylônes par l'ouest (trait violet sur le croquis).

Robert Berger, big boss de Prisme, aux prises avec une situation de blocage compréhensible : y a du gaz…

La seule partie raide est très aérienne, mais courte. Au fond, la Croix des Têtes.

LES VIA FERRATA DE VALLOIRE 13

MAURIENNE

Départ : les 2 ferrata sont quasiment dans la station et sont signalées par de grands panneaux près d'un pont à la sortie du centre ville

Horaire : dans les deux cas : pas d'approche ; environ 1 h à 2 h de ferrata ; descente rapide sur un bon sentier.

Dénivellation : *Poingt Ravier* : 250 m sur 500 m de longueur.
Saint-Pierre : pas de dénivellation significative, puisqu'il s'agit de traversées et d'une succession de montées et de descentes sur une longueur de 500 m.

Difficulté : alternance de passages sur vires herbeuses et sur dalles rocheuses peu inclinées pour la *Poingt Ravier*, où l'on ne constate pas de difficulté notable.
La *Saint-Pierre* est en revanche une suite de surplombs très prononcés et de traversées "plein gaz" réservée aux personnes athlétiques et accoutumées au vide. À noter qu'un parcours câblé très facile (le "sentier de la forêt") permet de parcourir l'arête au-dessus sans grands efforts.

Conception/réalisation : PRISME (1995).

Altitude maximale et exposition : 1650 m.
Poingt Ravier : sud-est - Saint-Pierre : sud-ouest.

Via ferrata de Poingt Ravier.

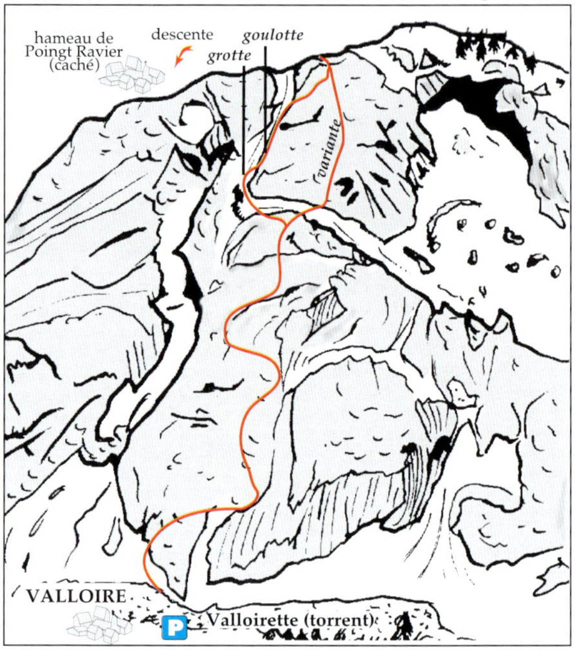

Valloire, petite station sympathique et dynamique, est connue pour son festival de sculptures sur glace, un spectacle étonnant qu'il ne faut manquer sous aucun prétexte en hiver. Les deux ferrata installées quasiment dans la station vous donneront l'occasion d'y retourner

Dans la partie inférieure de la Poingt Ravier, avec Valloire en toile de fond.

L'échelle du Tychodrome.

en été. La Poingt Ravier, qui fut la première ferrata de Maurienne, constitue une bonne initiation et vous pourrez y emmener vos enfants sans trop de problèmes. La ferrata de Saint-Pierre est une autre affaire. Pourtant, elle semble, au premier coup d'œil, inexistante, improbable ; quoi, c'est ce petit rocher de rien du tout ?! On voit bien la passerelle mais on se dit qu'on aurait mieux fait de rester couché. Erreur ! Ici repose l'un des plus

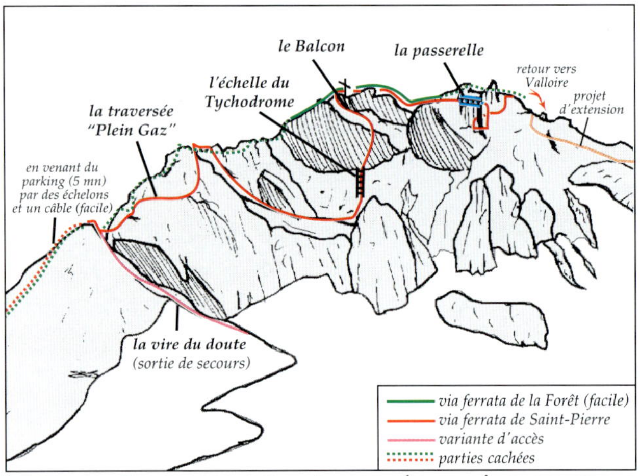

Via ferrata de Saint-Pierre.

beaux exemples de ferrata ludique *made in France*, un itinéraire hyper-athlétique avec du gaz à tous les étages, en expansion depuis sa création, puisqu'elle fut plusieurs fois rallongée et modifiée sur la fin. De quoi inspirer des générations d'équipeurs qui croyaient ne jamais rien pouvoir faire avec le bout de rocher qui leur cache le soleil. C'est la preuve que l'on peut passer à peu près partout avec les techniques modernes de scellement, y compris dans les pires surplombs, et créer un itinéraire suffisamment long sur une surface limitée en exploitant des traversées, des montées et des redescentes. Ne cherchez aucune logique dans un tel équipement. La Saint-Pierre est un exercice de style purement gratuit, où prime la recherche de sensations. On peut se demander s'il n'y a pas finalement dans ce style de ferrata une influence de l'escalade. Pendant un siècle, celle-ci était restée un moyen d'accéder à un sommet ou de "vaincre" une falaise ; l'escalade moderne est devenue une activité gymnique avec le plaisir du geste et la recherche technique comme buts. En voici peut-être la transcription "ferrée"...

Un accident mortel se produisit malheureusement en 1999 dans le surplomb après l'échelle. Une personne dont l'absorbeur en V n'a pu fonctionner, car les deux mousquetons étaient sur le câble. Le choc fut tel que le mousqueton de baudrier, placé de plus en travers, cassa net. On peut en déduire trois choses :

- 1. tout matériel n'est efficace que bien utilisé.

- 2. le système en V est à proscrire au profit de celui en Y.

- 3. il faut immobiliser le mousqueton sur le pontet du baudrier par un *string* (ou au moins un bout de ruban adhésif solide) pour l'empêcher de se mettre en travers.

Poingt Ravier : une rue longe la Valloirette qui coule au pied de la falaise. De petits panneaux blancs signalent le départ. Le câble monte d'abord dans un dièdre et franchit de petits ressauts faciles. Suit une série de dalles entrecoupées d'une traversée ascendante à gauche assez aérienne. Arrivé sur une plate-forme herbeuse, on a le choix entre deux possibilités : le parcours de gauche, comporte un passage amusant, mais facile, dans une grotte. Celui de droite est plus aérien dans des dalles.

Du sommet, une rampe métallique permet de rejoindre le hameau de Poingt Ravier à 1 644 m, d'où un sentier aisé descend en lacets.

- *Saint-Pierre* : ne pas prendre la passerelle qui franchit le torrent sous les panneaux, mais descendre à gauche et tourner derrière le pilier du rocher de Saint-Pierre qui regarde la station. Un petit chemin (panneaux) mène rapidement au pied d'une strate rocheuse que des échelons permettent de surmonter. Un câble fait suite et permet de rejoindre d'autres échelons. Après la "vire du Doute", une sortie de secours est indiquée sur la droite.

Le surplomb à la sortie de l'échelle.

La sortie dans le canyon : le grand écart permet de s'échapper d'un surplomb très tire-bras, heureusement court.

Si l'on désire aller facilement au sommet, continuer par les échelons et les câbles du "sentier de la Forêt". Pour les gros bras, suivre à droite les panneaux "traversée plein gaz"; vous ne serez pas déçus. À sa sortie, redescendre sur une vire en direction d'une grande paroi surplombante jaune. Des échelons et "l'échelle du Tychodrome" vous permettront de prendre pied, après un surplomb redoutable, sur le "Balcon" et le "Dévers". Tout un programme... On arrive à la croix sommitale. Pour descendre à la passerelle suspendue visible d'en bas, plonger dans le vide à droite et traverser à la force des bras. La passerelle vient buter contre la paroi d'en face. De là, des échelons à droite permettent de descendre pour rejoindre une sorte de canyon. Depuis 1999, des échelons (parlons plutôt de poignées...) équipent le flanc gauche très surplombant de ce canyon (attention, exceptionnellement athlétique). On rejoint le flanc opposé et une autre passerelle en demi-tronc permet de conclure.

Descente par le versant qui regarde Valloire.

Nota : à l'heure où sont écrites ces lignes, il est question :
- de faire une variante permettant d'éviter le dernier passage très athlétique dans le canyon,
- de prolonger la ferrata par une traversée sur des vires dans la partie droite de la falaise.

La passerelle vue du sommet du rocher de Saint-Pierre.

VIA FERRATA DE L'ADRET — 14

PONTAMAFREY-MONTVERNIER - MAURIENNE

Départ : quitter l'autoroute de la Maurienne à la première sortie de Saint-Jean-de-Maurienne. Revenir sur Pontamafray, prendre une petite route à droite juste avant le centre et se garer sur un immense parking (510 m) au fond duquel un chemin permet de traverser à gauche vers la route des lacets de Montvernier. Prendre le chemin qui la longe jusqu'au pied de la première partie, à 560 m.
Difficulté : via ferrata athlétique et vertigineuse. Échelles et passerelle suspendue impressionnantes dans la première partie. Passages athlétiques très soutenus dans la seconde.
Horaire : 15 mn d'approche ; environ 1 heure pour chaque partie. 45 mn de descente par les lacets de Montvenier.
Dénivellation : 170 mètres mais avec une redescente importante entre les deux parties. Longueur du câble : 450 m.
conception/réalisation : PRISME (1995).
Altitude maximale et exposition : 730 m. Sud-ouest.
Remarque : faisable presque toute l'année en raison de sa basse altitude. Prendre garde aux orages qui gonflent la cascade, laquelle peut endommager la passerelle.

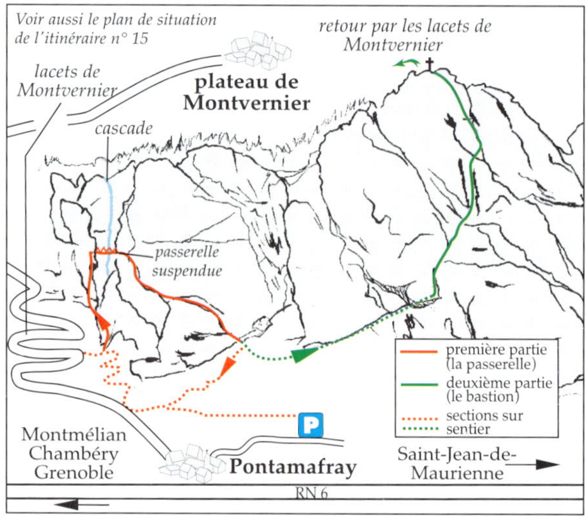

Si l'on sait qu'elle est là, on voit parfaitement cette via ferrata depuis la route nationale qui mène au tunnel de Fréjus et l'Italie à travers la Maurienne. Plantée dans un décor industriel, non loin de la nouvelle autoroute (dont la société d'exploitation, en compensation des terrains pris dans la vallée, finança la ferrata), elle ne s'adresse donc pas aux amateurs de grandes étendues sauvages. Son ambiance particulière fait pourtant rapidement oublier tous ces désagréments. On n'a d'yeux que pour la passerelle suspendue devant une cascade moussue peu active en temps normal ; il faut cependant savoir que lors des gros orages de printemps, ce filet d'eau a grossi au point de casser des planches de

Les échelles en surplomb avant la passerelle.

la passerelle et je vous engage à scruter le ciel avec circonspection. Depuis quelques années, un filet a été mis en place dans le torrent au-dessus ; régulièrement purgé, il filtre les "gros poissons" tentés par la pratique du base jump...

On peut dire qu'il s'agit en fait de deux via ferrata faisables séparément puisque l'on redescend après la passerelle, non loin de Pontamafray, et que l'on remonte ensuite sur le plateau par *le Bastion*. Les deux sont également impressionnantes et la seconde plutôt athlétique. La première peut surprendre par la débauche de ferraille qui précède la passerelle, avec ses échelles suspendues dont on se demande si elles ne vont pas plier un jour. Mais l'ensemble est amusant et constitue l'un des plus intéressants parcours de la région.

Du chemin qui longe la route des lacets de Montvernier, on voit déjà parfaitement la passerelle devant la cascade. On l'atteint par des échelles placées acrobatiquement dans un surplomb. Après avoir traversé la passerelle, on redescend face au village par un système de vires avec parfois quelques barreaux. On arrive à une cinquantaine de mètres de la route des lacets (possibilité de la rejoindre et d'arrêter là pour les bras cassés).

Si l'on désire faire la seconde partie, il faut traverser à droite sous la falaise sur une centaine de mètres. On trouve dans le Bastion une succession de passages très raides, parfois même surplombants, dont deux au moins sont assez soutenus. Une dalle couchée permet de rejoindre le sommet où se trouve une croix. Pour la descente, il suffit de traverser le plateau sur un bon chemin en direction de la chapelle de la Balme (qui penche bizarrement) pour regagner la route de Montvernier et redescendre par ses lacets.

La sortie du Bastion.

La Croix des Têtes

Présentée dans *Les nouvelles randonnées du vertige*, l'ascension de ce grand sommet qui domine la Maurienne ne répond cependant pas aux critères modernes de la via ferrata. Les câbles sont effilochés, périodiquement arrachés par des avalanches et cet itinéraire ne rentre donc pas dans le cadre de cet ouvrage. Nous en signalons toutefois l'existence, en rappelant qu'il s'agit d'une longue et magnifique course en montagne, avec tous les aléas que cela suppose. Il est possible qu'un réaménagement soit effectué dans les années 2000, et notamment un accès direct au refuge du Bonnant qui éviterait la traversée actuelle très exposée aux chutes de pierres. Se renseigner au bureau des guides de Saint-Jean-de-Maurienne (voir avant-dernière page). Pour plus de précisions, se référer aux *Nouvelles randonnées du vertige*.

Départ : *La Raie* (800 m) à Claret, commune de Saint-Julien-Mont-Denis située 5 km après Saint-Jean-de-Maurienne à gauche
Horaire : 2 à 3 h pour le refuge du Bonnant ; 40 mn de là au pied de la falaise ; 1 h 30 pour la ferrata ; descente : 2 h pour rejoindre la route de La Bachellerie juste au-dessous de Planchette, près d'un pont vers 1 400 m où l'on aura laissé une voiture ; sinon redescendre par le même itinéraire en 3 h
Dénivellation : environ 1 400 m jusqu'au sommet de la ferrata qui, elle, ne fait que 270 m (mais un bon kilomètre de longueur car beaucoup en traversée) et ne débouche pas au sommet de la Croix des Têtes (2 492 m) mais sur son arête Sud vers 2 200 m
Difficulté : corniche étroite et vertigineuse et échelles pour accéder au refuge. La via ferrata située au-dessus se déroule dans du terrain à chamois sans difficulté particulière à part les 10 premiers mètres qui sont athlétiques car légèrement surplombants
Altitude maximale et exposition : 2200 m. Ouest.

Dans le "Bastion".

VIA FERRATA DE LA CHAL — 15

SAINT-COLOMBAN-DES-VILLARDS - MAURIENNE

Départ : sortir de l'autoroute de la Maurienne à Sainte-Marie-de-Cuines et prendre la direction *vallée des Villards, col du Glandon*. Après Saint-Colomban, repérer à droite le hameau de La Chal. Se garer peu après sur un parking signalé par un grand panneau, à 1 210 m. Une petite ferrata d'initiation est installée au bord de la route. Le chemin d'accès part à gauche mais on peut le rejoindre par cette mini-ferrata.

Horaire : 15 mn d'approche ; 1 h 30 à 2 h de ferrata ; 30 mn de descente.

Dénivellation : 100 m d'approche, 160 m dans la ferrata (mais 600 m de câble).

Difficulté : quelques courts passages raides au début, mais dans un ensemble peu soutenu. Une fissure oblique vers la fin peut en revanche poser de sérieux problèmes aux personnes dépourvues de force dans les bras. Une échappatoire au-dessus de la passerelle de 21 m leur est fortement conseillée.

conception/réalisation : PRISME (1997).

Altitude maximale et exposition : 1 522 m. Sud-est.

Remarque : pour l'approche en voiture, on peut rejoindre le col du Glandon par le versant Oisans depuis Allemont.

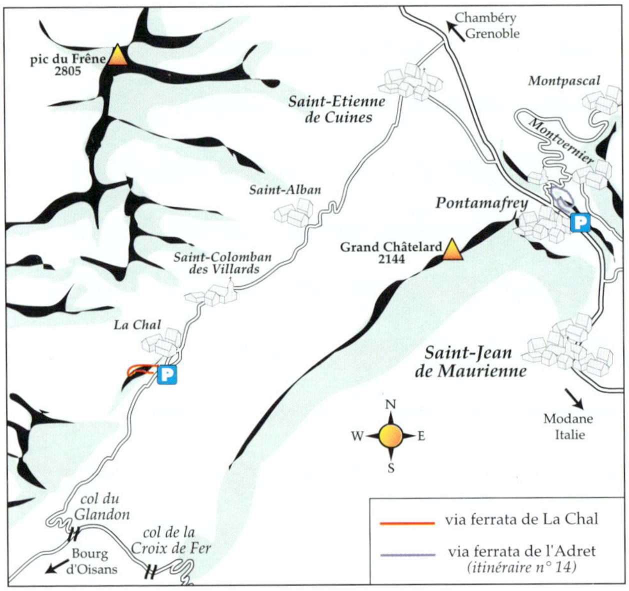

La vallée des Villards, qui relie la Maurienne à l'Oisans, est un petit paradis pour les amateurs de solitude. La ferrata de La Chal en est rapidement devenue un des principaux pôles d'attraction, comme souvent dans ce genre de vallée, d'autant plus qu'elle comporte bon nombre de passages intéressants. Elle fut l'une des premières à proposer un pont de singe et sa fissure oblique, qui nécessite un grand déploiement d'énergie, fait partie des *must* de la discipline. Au point que des guides se sont plaints parce que certains de leurs clients n'arrivaient pas à passer, et comme le passage est en traversée oblique, pas moyen de les tirer avec la corde… On poussa alors *Prisme* à faciliter le passage avec quelques marches métalliques. Lors d'un débat à Grenoble en octobre 1999, plusieurs intervenants demandèrent à Robert Berger, directeur de Prisme, de ne pas céder à des pressions qui dévaloriseraient un si beau passage. À l'heure où j'écris ces lignes, je ne sais pas si des travaux ont été engagés pour transformer cet itinéraire sportif en "boulevard à mémés", mais je pense qu'il vaudrait mieux penser à demander aux pratiquants de faire un minimum d'efforts pour s'entraîner plutôt que de niveler l'activité par le bas. Il ne faudrait tout de même pas faire des via ferrata de vulgaires escaliers métalliques. Où serait alors l'intérêt ? Dans les Dolomites, on supprime carrément les échelons dans les ferrata difficiles et on ne peut parcourir celles-ci que si l'on est un sportif – voire même un alpiniste – entraîné. Le résultat est qu'il y a peu de monde dans ce style de ferrata, mais aussi peu de problèmes, chacun étant à sa place.

Du bord de la route où se trouve une petite via ferrata d'initiation, prendre un chemin qui gagne en 15 mn l'attaque sous des rochers surplombants. Quelques passages éprouvants amènent sur une sorte d'arête (arête des Moulins) qui domine une barre rocheuse surplombante à gauche et des pentes modérées à droite. On arrive devant la passerelle des Chèvres (21 m). Au bout de celle-ci se trouve l'échappatoire qui rejoint en quelques mètres l'itinéraire de descente. Sinon, le câble continue à traverser, parfois en descente. On franchit deux petits ponts de singe (7 et 15 m). Après une vire herbeuse, une fissure oblique oblige à un déploiement d'énergie exceptionnel malgré quelques rampes métalliques. Attention si vous n'avez pas de bras ! Une vire puis une dalle et un dernier petit ressaut amènent rapidement à la sortie et au chemin de descente qui revient au-dessus de l'itinéraire.

La fissure oblique, si technique qu'il est question d'y rajouter quelques rampes métalliques.

VIA FERRATA DE LA GROTTE A CARRET — 16

CHAMBÉRY - BAUGES

Départ : le mieux est de se garer sur le plateau de La Féclaz à la grange de la Paleu un peu après le lieu-dit *Les Favres*. Pour cela, de Chambéry (suivre les panneaux "massif des Bauges"), prendre la N 512 en direction du col de Plainpalais et tourner à gauche juste après *Les Déserts*. Dans le hameau *Les Favres*, qui est indiqué, prendre la route sans issue du haut jusqu'au bout. Le col de la Doria est à 5 mn à travers champs.

Horaire : 30 mn d'approche ; 40 mn de ferrata ; 10 mn pour retrouver la voiture.

Dénivellation : la falaise fait environ 200 m mais la longueur du câble dépasse 500 m en raison de nombreuses traversées.

Difficulté : section verticale et aérienne au début ; ensuite il s'agit de vires, à part la petite échappée à la grotte de l'Œil et son échelle plein gaz.

Conception/réalisation : Pascal Coquand (1995), mais en fait cet endroit comporte des équipements depuis l'époque de Jules Carret qui aurait lui-même fait l'accès à la grotte de l'Œil.

Altitude maximale et exposition : environ 1250 m. Sud.

Remarque : dans *Les nouvelles randonnées du vertige* était indiquée la combinaison de cet itinéraire avec le mont Peney et le trou de la Doria. Ces itinéraires restent des terrains d'aventure mal équipés et assez dangereux. C'est pourquoi nous ne les mentionnons ici qu'à titre indicatif.

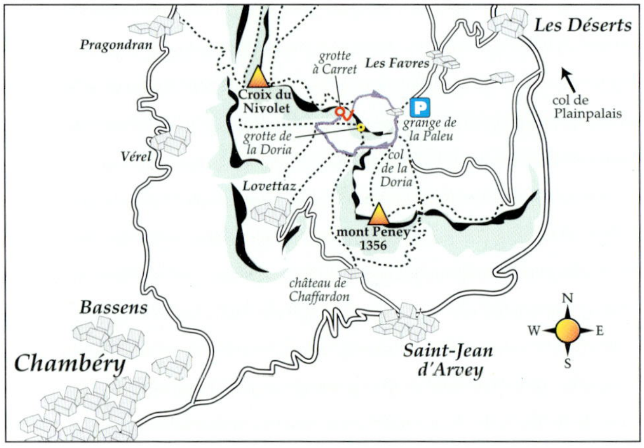

Depuis Lovettaz, on voit très bien l'énorme grotte à Carret et l'étrange construction dont elle est flanquée. On a le droit de s'interroger : quelle curieuse idée d'avoir construit dans un endroit si retiré ? L'histoire de Jules Carret mériterait un roman. Ce bouillant médecin né en 1844, député de la Savoie aux tendances anarchistes, succomba à la mode des sciences nouvelles qui marqua la fin du XIXe, parmi lesquelles l'archéologie tenait une bonne place. Afin de fouiller les grottes environnantes, il fit construire ce bâtiment exposé à l'humidité. Il y passa sept étés à partir de 1886. Ce qu'il trouva – quelques squelettes humains, des ossements d'ours et de rennes... – reste décevant et le vestige le plus émouvant de ce secteur reste en fait sa maison, sorte de blockhaus assez laid coincé sous une baume au pied de la falaise. On peut supposer qu'au cours de ses recherches, il avait parcouru la plupart des vires qui traversent celle-ci, y compris celles qu'emprunte l'actuelle ferrata. Des câbles antiques l'équipaient et les vieux Chambériens s'y amusaient déjà. L'itinéraire décrit ici évite cependant le dangereux couloir du début par une volée d'échelons très raide.

La maison de Jules Carret.

De La Paleu, rejoindre en 5 mn le col de la Doria (1 136 m) au sud-ouest et descendre à l'ouest (face à Chambéry) sur un chemin souvent glissant. Passer la Doria sur un petit pont (belles cascades) et remonter en face. Lorsqu'on rejoint la piste qui vient de Lovettaz, partir à droite sur un petit chemin qui monte en lacets à la grotte à Carret (on peut rejoindre directement ce chemin en montant au trou de la Doria avant le pont et en passant derrière la cascade qui en sort ; après celle-ci, on trouve un câble et une sente qui traverse en direction de la grotte ; plus court).

Passer sous la maison de Carret et suivre la vire à droite. On trouve une série verticale d'échelons sur une quarantaine de mètres. La suite se déroule sur des vires et des rampes évidentes. À peu près au milieu, une échappée à droite permet d'aller voir la grotte de l'Œil par une échelle spectaculaire.

Des pistes évidentes ramènent à la grange de la Paleu à travers le plateau sommital.

L'échelle ancestrale de la grotte de l'Œil, peut-être posée par Jules Carret lui-même.

LES PRISES DE LA BASTILLE — 17

GRENOBLE - CHARTREUSE

Départ : à la sortie nord-est de Grenoble (route de Lyon), après le pont sur l'Isère, se garer sur la grande esplanade. Traverser la route de Lyon tout près de sa naissance. Repérer un portail à gauche d'une clinique vétérinaire. Pénétrer dans une carrière.

Horaire : première partie : 45 mn. Deuxième partie : 30 mn. Rajouter 15 mn de marche entre les deux et 10 mn pour la sortie + 15 mn de descente par le jardin des Dauphins (descente possible en téléphérique). Horaire sportif possible : 1 h du parking au parking, ce qu'il est utile de savoir si l'on veut y aller entre deux demi-journées de travail.

Dénivellation : 230 m. Longueur du câble : environ 430 m.

Difficulté : première partie raide au départ avec un pont de singe assez impressionnant, mais la suite est plus facile. Deuxième partie très athlétique et soutenue, déconseillée aux petits bras. Deux échappatoires peuvent vous permettre de vous en sortir, mais le début reste surplombant.

conception/réalisation : PRISME (1999).

Altitude maximale et exposition : 435 m. Ouest puis sud-ouest. Attention aux chaleurs de l'été grenoblois généralement très lourd.

Remarque : cette ferrata "urbaine" n'est pas payante, mais gardée. Ayez un matériel irréprochable (on peut en louer dans des magasins de sport tout proches). L'accès est barré après 16 h en hiver et 18 h en été (renseignements au BIM : 04 76 42 45 90). Attention à la fréquentation...

La sortie sur les remparts de la Bastille.

L'événement de la dernière année du siècle à Grenoble aura bien été la création de cet itinéraire, première ferrata située au cœur d'une grande agglomération. Dès l'annonce des travaux, la maison du Tourisme croulait sous des milliers d'appels téléphoniques. À l'ouverture, le 16 octobre, derrière le maire lui-même, il y avait 300 personnes sur les échelons.

Il faut bien le dire, la seule chose qui intéresse réellement le Grenoblois moyen, c'est la montagne et ce qui tourne autour. On trouve ici le plus grand nombre d'associations sportives et de licenciés, les plus grandes surfaces de magasins de sport, la plupart des fabricants, des revues et des éditeurs spécialisés. La ville vit et respire pour et par ce qui l'entoure.

C'est à partir de ce constat que le maire, Michel Destot, lui-même alpiniste, a décidé de redonner à Grenoble une image de capitale de la montagne quelque peu négligée ces dernières décennies. La création d'un bureau des guides à la maison du Tourisme, d'un Bureau d'Information (BIM), d'un salon de l'outdoor, de manifestations sportives et d'écoles d'escalade, tout cela fait, comme la ferrata, partie de ce plan de réhabilitation. À l'heure où j'écris ces lignes, d'autres projets de ferrata sont à l'étude, aux Trois Pucelles, au fort du Saint-Eynard... et aussi entre Crolles et Saint-Hilaire du Touvet.

On imagine sans peine les problèmes soulevés par la proximité de la ville : par exemple, des jeunes un peu éméchés qui décideraient de finir la soirée dans la ferrata, sans matériel... C'est pourquoi il a fallu instaurer un gardiennage au pied (on y trouve parfois la police) et des portillons "anti-panique" qui se referment automatiquement, empêchant l'accès par le haut.

Ces mesures permettent aux élus de dormir sereinement. On ne décide pas de toute façon de redonner à une ville son statut de *montagnarde* sans accepter quelques risques. Le conseiller municipal chargé du projet a d'ailleurs dit publiquement qu'il y avait eu volonté de faire un itinéraire sportif et non un "boulevard à mémés". C'est tout à l'honneur de Grenoble, mais n'est-on pas allé trop loin ? Le conseiller montagne de la ville, qui n'est autre que Jean-Christophe Lafaille, l'avait dit à l'inauguration : "la partie supérieure est vraiment athlétique !" Je l'ai constaté moi-même et dès le premier jour, des personnes sont restées bloquées, épuisées. Du coup, il n'y a pas tant de monde que prévu. Quant à vous, vous êtes prévenus...

Le câble longe le flanc droit de la carrière (un pont de singe et une passerelle) avant de sortir par une zone plus facile dans le parc Guy Pape. On traverse celui-ci en suivant des petits panneaux et on arrive au pied de la barre transversale de la deuxième partie, située à gauche du haut du téléphérique de la Bastille. Un surplomb à l'attaque est censé décourager toute personne aux bras un peu faibles. La suite est du même acabit sur plus de cent mètres. Quelques points de repos et deux échappatoires devraient toutefois éviter les problèmes.

À la fin des câbles, on remonte entre des remparts pour rejoindre les escaliers qui redescendent au jardin des Dauphins et à la Porte de la ville, à quelques mètres du départ. On peut aussi continuer à monter jusqu'au téléphérique et l'utiliser pour la descente.

La partie supérieure, certes plus esthétique que la première, mais combien plus physique…

LES VIA FERRATA DE L'ALPE D'HUEZ — 18

OISANS

Départ : à l'entrée de la station de l'Alpe d'Huez à droite, monter à l'altiport. Là, prendre la route du col de Sarenne sur 1 km 500 ; parking et panneau à droite vers 1 880 m.

Horaire : 30 mn d'approche en descente. 1 h de ferrata pour l'un ou l'autre des deux itinéraires. On sort au sommet tout près du parking.

Dénivellation : environ 250 m. Longueur du câble pour chacune des deux ferrata : environ 300 m.

Difficulté : la ferrata des gorges de Sarenne (itinéraire *découverte)* est idéale pour une pratique familiale car elle se déroule sur des vires et des gradins herbeux. La ferrata de Pierre Ronde comporte une première partie verticale d'une centaine de mètres, sans réel surplomb. L'équipement est sobre.

conception/réalisation : mairie de l'Alpe d'Huez/ROC (1999).

Altitude maximale et exposition : 1 880 m. Sud.

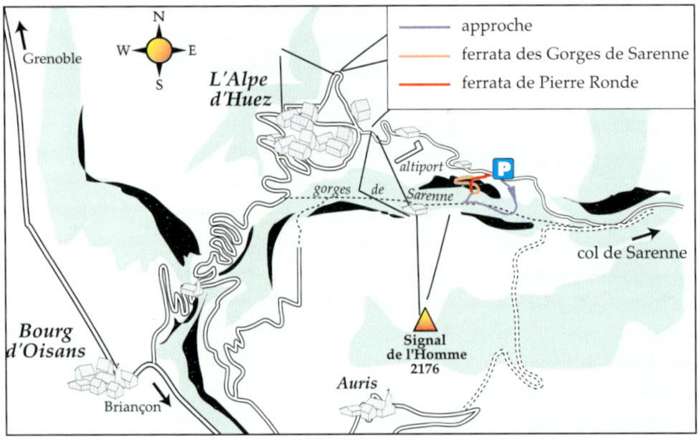

Les gorges de Sarenne sont célèbres chez les skieurs. C'est en effet là qu'arrive la piste du même nom, après un périple de 13 km depuis le sommet du pic du Lac Blanc (3 323 m), une des plus longues des Alpes.

La ferrata remonte la falaise qui borde les gorges juste à côté du télésiège qui marque la fin de cette célèbrissime piste. Mais, bien que dans une gorge, le site est très ensoleillé et bien à l'écart des immeubles de la grande station, dans un cadre de montagne verdoyant et agréable.

On trouve en fait deux itinéraires de niveau différent qui se croisent. Le principe permet aux ferratistes aguerris de côtoyer de parfaits néophytes et les discussions vont bon train. Ajoutez à cela une approche en descente, l'absence de retour pénible et vous avez tous les ingrédients du succès. On peut toutefois regretter le manque d'ampleur de ces ferrata, qui ne sont pas à la hauteur de la station qui les accueille.

Du parking, descendre une large et raide piste caillouteuse. Arrivé au fond des gorges, il faut aller à droite jusqu'au panneau d'information situé sous la falaise. Une petite sente dans de gros blocs mène en quelques minutes au départ commun des deux ferrata.

À droite part la plus facile. Elle décrit un S dont la barre centrale croise l'autre ferrata à l'endroit le plus raide. La première partie de celle-ci est très verticale et soutenue, qui plus est avec un équipement sobre. La dalle au-dessus du croisement est assez impressionnante et ceux qui ne se sentiraient pas peuvent donc aller à gauche et poursuivre par la première. Au-dessus, la falaise se couche pour les deux itinéraires qui ne présentent plus guère de difficultés.

Ci-dessous et en page de droite, deux aspects de la 1ère partie verticale. On voit en bas l'arrivée de la piste de Sarenne et le télésiège qui remonte à la station.

VIA FERRATA DES PERRONS — 19

VENOSC/LES DEUX ALPES - OISANS

Départ : Venosc (parking de la télécabine en bas ou parking au centre du village - places limitées). Suivre les panneaux.
On peut aussi partir de l'extrémité sud des Deux-Alpes (d'ailleurs joignable par la télécabine) et descendre le chemin de Venosc jusqu'à une bifurcation (panneau) où l'on traverse à gauche vers la falaise.

Horaire : 45 mn à 1 h d'approche dans les deux cas. 1 h 30 à 2 h de ferrata. Du sommet, les Deux-Alpes sont à 15 mn. De là, il faut 30 mn pour regagner Venosc (ou en télécabine).
Dans le cas où, du sommet, on voudrait poursuivre par le balcon du Vénéon, compter 2 à 3 h de plus, + le temps de revenir à Venosc par la route (4 km).

Dénivellation : environ 500 m de ferrata. Longueur du câble : 900 m. La descente-traversée par le balcon du Vénéon implique une dénivelée de 700 m.

Difficulté : ferrata idéale pour une pratique familiale, car peu soutenue et sans passages surplombants ; nombreux points de repos. Terrain facile mais escarpé et exposé dans le balcon du Vénéon.

Altitude maximale et exposition : 1 720 m (mais 1 850 m si l'on traverse ensuite le balcon du Vénéon). Sud-ouest.

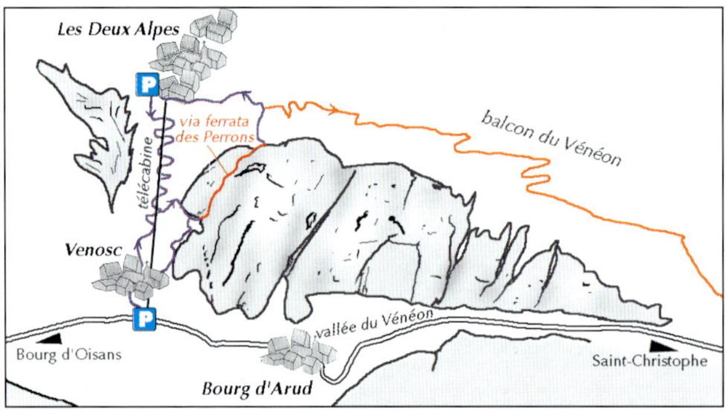

Cette ferrata fut décriée lors de son inauguration, pourtant organisée à grand renfort de publicité. Certains spécialistes en parlèrent comme d'une *Poingt Ravier*, en référence à la trop fade et herbeuse ferrata de Valloire, première création de la Maurienne.

J'y allai donc sans trop d'enthousiasme, mais avec ma fille de 7 ans, encordée bien sûr. Et là, il faut bien avouer que je remerciai les concepteurs, car finalement, déjà bien nettoyée par de nombreux passages, l'itinéraire offrait quelques belles envolées sur des dalles parfois aériennes, mais jamais éprouvantes ni dangereuses. Le fait d'évoluer au-dessus d'un village autant chargé d'histoire que Venosc, patrie des colporteurs de l'Oisans, et face au massif sommet de la Muzelle, ajoutait au charme de l'aventure. Depuis, je conseille cet itinéraire à ceux qui veulent découvrir l'activité sans se faire peur. Ils ne seront pas déçus.

Enfin, pour moi, le plus grand intérêt de monter par cette ferrata est de pouvoir enchaîner avec le balcon du Vénéon, une des randonnées les plus fabuleuses que nous offre l'Oisans sauvage : une succession de vires, de corniches, de gradins, de lacets serpentant dans des barres rocheuses, tout cela dans le cadre de la plus belle vallée du massif. Les quelques câbles qui le sécurisent ont été refaits à neuf pour l'occasion, et les vieilles rambardes branlantes qui bordaient ce chemin séculaire et que l'on voyait encore dans le livre de Pierre Millon (*Les randonnées du vertige*), ont été supprimées.

Lors du retour par la route, en observant ce versant particulièrement accidenté, on aura bien du mal à comprendre par où l'on est passé.

Que l'on vienne des Deux Alpes ou de Venosc, il ne faut pas manquer le sentier qui, à mi-hauteur de ce versant, traverse vers l'est pour arriver sous les dalles grises des Perrons. Les passages manquant de personnalités et étant assez répétitifs, il n'est pas utile d'en donner une description détaillée. Il suffit de savoir qu'il n'y a jamais de ressauts vraiment éprouvants et que la difficulté s'atténue dans la partie supérieure.

Du sommet, on peut rejoindre la station des Deux Alpes, que l'on voit fort bien, par un bon sentier.

Si l'on veut aller sur le balcon du Vénéon, il ne faut surtout pas prendre la sente qui part à droite tout de suite au sommet de la ferrata et qui est un cul de sac, mais il faut commencer à monter sur le sentier des Deux Alpes et après quelques dizaines de mètres, partir à droite (panneau). Le chemin est parfois raide et tourmenté, mais il lui arrive de serpenter dans des zones herbeuses classiques. Un passage en corniche est assez spectaculaire. La fin se trouve au niveau du Plan du Lac, où le chemin arrive sur l'ancienne route de Saint-Christophe-en-Oisans.

Sur le balcon du Vénéon.

Un itinéraire adapté aux enfants et aux débutants, au-dessus de Venosc, village chargé d'histoire.

FERRATA DE SAINT-CHRISTOPHE-EN-OISANS _ 20

Départ : route de La Bérarde ; base nautique et camping au bout du Plan du Lac (1 203 m), 2 km avant Saint-Christophe
Horaire : pas d'approche ; 1 h 30 à 2 h de ferrata ; descente par la route : 30 mn.
Dénivellation : environ 300 m dont une grande partie en traversée ; longueur de la ferrata : environ 1200 m en comptant les parties non câblées.
Difficulté : très inégale car le parcours est varié ; il faut prendre en compte plusieurs passages verticaux, presque surplombants mais courts.
conception/réalisation : les guides P. Junique et G. Turc/ROC (1996 - 1997 pour la partie au-dessus de la route).
Altitude maximale et exposition : 1 500 m. Sud-ouest.

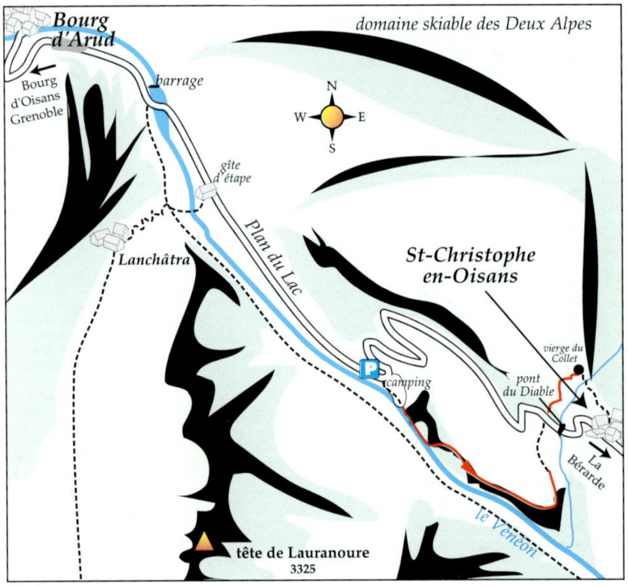

Cette ferrata est installée au cœur du massif des Ecrins, dans un lieu magique, où l'on ne serait jamais allé si les guides locaux n'avaient de si bonnes idées : les gorges du Vénéon, torrent né du grandiose cirque glaciaire de la Pilatte au-dessus de La Bérarde, origine qui lui vaut cette incroyable couleur bleue.

Comme beaucoup d'alpinistes, je suis souvent passé là, en route vers de plus grands objectifs, me disant que j'aimerais m'arrêter au bord de cette eau si pure. N'étant pas pêcheur (le Vénéon fourmille de truites), sauf devant l'éternel, je n'en avais guère pris le temps. Voilà une erreur réparée. La ferrata de Saint-Christophe rase en effet les flots bleus plus d'une fois avant de s'élever dans la gorge jusque vers le vertigineux pont du Diable. C'est l'un des itinéraires équipés parmi les plus variés et les plus esthétiques, jamais fastidieux, souvent sportif. Le succès est d'ailleurs au rendez-vous et l'on peut prévoir quelques bouchons en pleine saison. On peut y emmener des débutants, car l'ensemble n'est pas trop long et les passages athlétiques sont courts.

La nouvelle sortie au-dessus de la route sera l'occasion d'une visite dans le site prestigieux du village de Saint-Christophe, patrie du père Gaspard, vainqueur de la Meije en 1877. Le cimetière où il repose regorge d'autres noms connus des amateurs d'Oisans. Il faut y faire une halte, de même qu'au nouveau musée de la Montagne consacré à l'aventure de la vallée et des guides-paysans.

Ci-dessous et ci-contre, deux aspects du surplomb qui marque la fin des difficultés de la première partie.

Traverser le camping jusqu'au premier câble qui attaque au bord du Vénéon ; après une première barre rocheuse en surplomb au-dessus de l'eau, on redescend sur un petit chemin, puis on attaque une succession de vires, de dalles, dont une assez longue et raide, jusqu'à la passerelle de 15 m. Celle-ci présente une intéressante particularité : ses planches sont espacées de 30 cm et l'ensemble aime bien la valse viennoise, à trois temps donc : 1) ne pas regarder entre les planches ;

2) garder les pieds au centre ; 3) ne pas s'arrêter mais au contraire régler sa cadence sur le balancement.

D'autres vires assez aériennes mènent ensuite sous un ressaut légèrement surplombant que l'on franchit directement pour sortir sur de belles dalles et la route un peu avant le pont du Diable. En face, de l'autre côté de la route, quelques ressauts dont certains assez raides mènent à la vierge du Collet. Descente par la route (2 km).

La partie supérieure ; en bas, Saint-Christophe.

Le Vénéon : une eau d'un bleu étonnant venue des glaciers.

VIA FERRATA DES MINES DU GRAND CLOT — 21

LA GRAVE - OISANS

Départ : lieu-dit "le Grand Clot" (1 328 m), 3 km avant La Grave en venant de Grenoble en direction de Briançon.
Horaire : 5 mn d'approche ; 3 à 4 h de ferrata ; descente : 1 h pour rejoindre Le Chazelet où l'on a pu laisser une voiture ou un vélo ; sinon, il faut compter une autre heure pour rejoindre la vallée de la Romanche par la chapelle N.-D. de Bon-Repos.
Dénivellation : 750 m de la voiture au plateau d'Emparis (longueur du câble : environ 2 000 m).
Difficulté : quelques passages raides dans les premiers 300 m, mais la principale difficulté vient de la longueur qui exige une bonne condition physique.
conception/réalisation : les guides de La Grave/ROC (1996).
Altitude maximale et exposition : 2 100 m. Sud.

Au départ : on remarque les entrées de galeries.

L'intérêt de la ferrata de La Grave n'est pas seulement sportif mais aussi culturel. Les 400 premiers mètres de dénivellation se déroulent en effet sur le site d'une très ancienne mine dont on peut voir les équipements délabrés (rampes, ancrages d'anciens téléphériques à minerai, etc.) et les ouvertures de galeries (2 kilomètres souterrains avec de nombreux puits verticaux). La majorité des galeries a été creusée à la main ou au feu, technique qui consiste à chauffer le rocher puis à le refroidir brutalement avec de l'eau glacée. Il devient alors friable et attaquable au pic. Certains passages empruntent des vires où les vieux câbles rouillés sont encore utilisables. Les guides de La Grave, dont nous saluons l'initiative, ont toutefois entièrement équipé l'itinéraire à neuf, ce qui permet de découvrir un site parmi les plus pittoresques d'Oisans, jusqu'alors inconnu. Avec les Challanches (Allemont), l'Herpie (Alpe d'Huez), le Taillefer, les mines constituent pourtant l'un des aspects historiques les plus fascinants de l'Oisans et il eût été dommage de passer à côté de celle-ci. En 1999, des panneaux très complets ont été installés le long de l'itinéraire et nous racontent l'histoire de ces audacieux mineurs qui montaient dans la paroi à l'aide de poutres coincées ou d'échelles.

La mine existait probablement à l'époque des Romains. C'est cependant au Xe siècle que son exploitation prend de l'ampleur (150 personnes y travaillaient) et

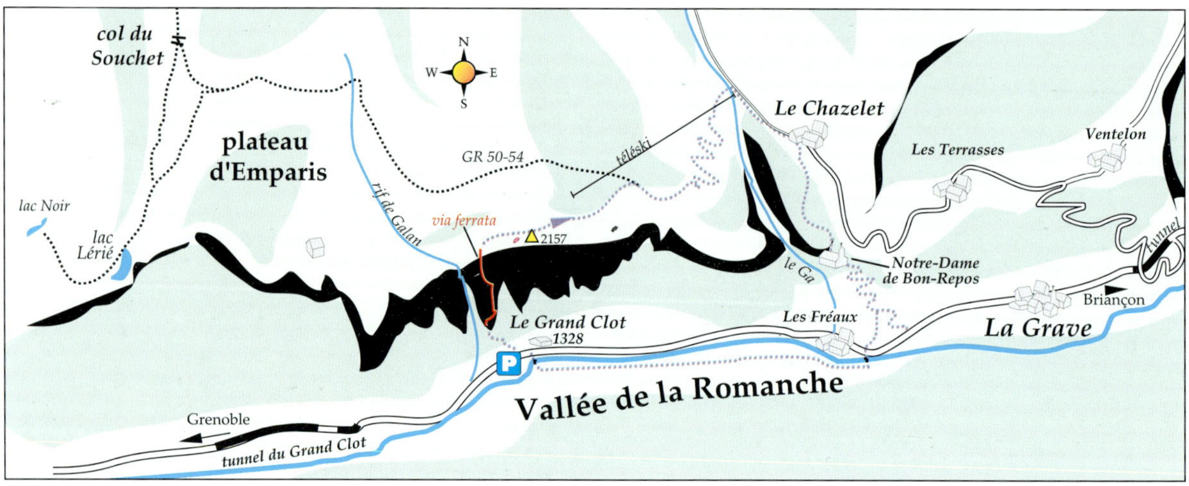

elle semble rentable jusqu'en 1829. Ensuite, à cause d'une baisse des taxes des produits d'importation, l'activité chute. Des bâtiments (une *laverie* de minerai) sont construits en 1861 au pied pour tenter de la relancer mais l'exploitation reste périodique jusqu'en 1926, où un accident mortel décide de son arrêt définitif. On y extrayait de la galène argentifère assez pauvre en argent (30 g d'argent pour 100 kg de plomb). Certaines variétés, les plus nobles, servaient à confectionner des vernis de poterie ; d'autres servaient simplement à faire du plomb. Ce filon semblait prometteur (on le voit à l'œil nu descendre du plateau d'Emparis et remonter en face sous le glacier de la Girose, sous lequel se trouvent d'autres galeries), mais il fut surtout source de désillusions. Au XVIIIe, on pensait que l'argent extrait pourrait payer les frais d'exploitation mais ici comme dans les autres mines de cette région, l'histoire n'est qu'une suite de changements de propriétaires et de faillites retentissantes… Le mythe selon lequel les mines "donneraient" bien un jour a occasionné une mini ruée vers l'or en Oisans qui explique les moyens parfois disproportionnés mis en œuvre.

La sortie sur le plateau d'Emparis, au milieu d'immenses alpages, n'est pas le moindre intérêt de cette randonnée qui se déroule sous l'œil de la Meije.

Le passage le plus délicat est constitué par une cheminée.

L'éperon sur lequel se déroule cette ferrata est situé à gauche du replat du Grand Clot où se trouve une entreprise. Il est bordé par un grand ravin à gauche duquel coule la belle cascade du rif (ruisseau) de Galan. Du panneau au bord de la N 91, un bon sentier amène sous la première barre qui est truffée de vieilles entrées de mine. Le câble les utilise habilement, traverse à droite et remonte une belle dalle verticale. Plus haut, on retrouve de vieux câbles, de vieilles ferrailles toujours vaillantes et d'autres entrées de mines, avant une cheminée impressionnante que des échelons permettent de passer en opposition. On songera aux mineurs qui remontaient ce passage avec des poutres coincées toujours visibles. Une belle dalle inclinée fait suite, avant une série de vires faciles, presque un chemin. À partir de là, cela ressemble à une randonnée presque classique, entrecoupée de quelques petits ressauts. L'ambiance du ravin et la cascade toute proche créent toutefois une ambiance particulière. De plus, on trouve des vestiges de la vie étonnante des mineurs jusque vers 1 700 m, certains étant à peine rouillés.

La sortie s'effectue sans câble vers 2 050 m, dans un entonnoir de verdure qui se prolonge à droite par un vallon qui amène au sommet du téléski venant du Chazelet. Il ne reste qu'à suivre le chemin très fréquenté qui y mène. On peut aussi rester sur les crêtes et rejoindre ce chemin un peu plus bas. Dans tous les cas, il faut remonter au Chazelet depuis le pont situé au pied du téléski. Pour ceux qui doivent descendre plus bas par la chapelle de Bon-Repos (*Bon-Secours* sur certaines cartes…), prendre le chemin qui traverse le village 50 mètres sous la rue centrale (panneau) et poursuivre dans les champs en corniche au-dessus des gorges du Ga (attention, certaines cartes indiquent dans ces gorges un pont en aval du village et un chemin qui y remonterait ; mais l'un et l'autre n'existent plus depuis longtemps). De la chapelle, un bon sentier mène en trente minutes à la N 91 aux Fréaux. De là, ne pas prendre la route, mais traverser la Romanche sur une passerelle et la longer jusqu'au niveau du Grand Clot que l'on rejoint par une autre passerelle.

La partie supérieure tourne à la balade, sous l'œil de la Meije.

AIGUILLETTE DU LAUZET — 22

BRIANÇONNAIS (VALLÉE DE LA GUISANE) - CERCES

Départ : Pont-de-L'Alpe (1 710 m), hameau du village du Lauzet situé sur la route de Briançon 6 km après le col du Lautaret
Horaire : 1 h d'approche ; 2 h de ferrata ; 1 h de descente
Dénivellation : environ 500 m d'approche ; la partie ferratée se déroule essentiellement en traversée, mais avec les quelques petits murs, le couloir terminal et les pentes non équipées, on gagne près de 400 m de l'attaque au sommet. La longueur du câble est d'environ 1500 m.
Difficulté : nombreuses traversées sur des vires herbeuses alternées avec des petits murs peu verticaux. Ambiance plus *montagne* que *falaise.*
Conception/réalisation : bureau des guides de Serre-Chevalier (1990).
Altitude maximale et exposition : 2 611 m. Ouest.

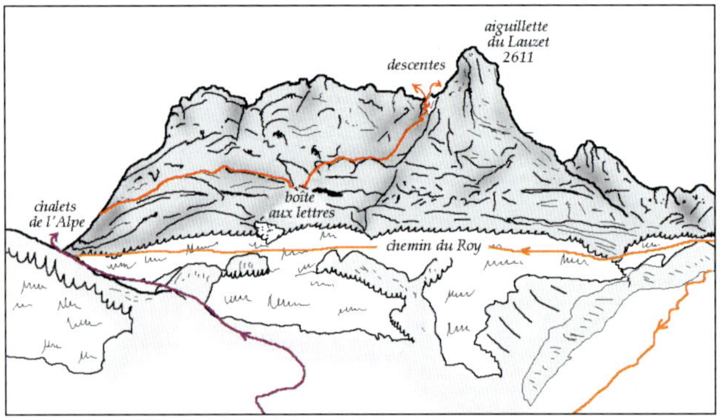

L'Aiguillette du Lauzet telle qu'on la voit du Pont de l'Alpe.

Deuxième ferrata créée en France, celle qui traverse astucieusement l'Aiguillette du Lauzet, sommet bien connu des grimpeurs, est aussi l'une des plus belles et des plus hautes. On est ici bien loin des centres touristiques, des téléphériques ou des villes qui caractérisent la plupart de nos ferrata. L'altitude, les immenses alpages bucoliques, le panorama sur le massif des Ecrins et la montagne des Agneaux toute proche, le voisinage des chamois qui n'ont même plus peur, tout cela rend la balade particulièrement agréable. Il ne faut point venir chercher ici de grandes sensations de vide ou d'abominables surplombs. La difficulté est raisonnable et l'on marche la moitié du temps sur un parcours logique qui utilise des vires.

De curieux marchepieds, un peu trop "confortables".

La ferrata du Lauzet vaut surtout par son cadre. On est ici face au massif des Écrins. Au fond, la montagne des Agneaux et son célèbre couloir Davin.

Ces caractéristiques sont toutefois un vrai casse-tête pour les guides de Serre-Chevalier, enthousiasmés au départ par le succès de la ferrata de Freissinières où ils avaient fait un voyage d'étude. Mais cette dernière ne connaît pas les problèmes liés à l'altitude qu'il ne faut jamais sous-estimer. À l'Aiguillette du Lauzet, sur une des ferrata les plus hautes de France en altitude, il a fallu changer plusieurs fois la quasi totalité de l'équipement,

Deux aspects de la ferrata en hiver : une aventure extrême... (à noter le même passage ci-dessous qu'en page de droite).

car, l'hiver, le câble souffre de la glace et du poids de la neige, qui arrive même à tordre des échelons. En 1999, j'ai fait plusieurs fois l'itinéraire, dont une en plein hiver, et j'ai constaté de nombreuses dégradations. À l'heure où j'écris ces lignes, les guides et les associations locales cherchent une solution pour l'entretenir. Les communes rechignent. Pour en assurer le financement, impossible d'instaurer un péage étant donné la situation isolée en montagne... Il est clair que les mésaventures de ce genre vont pousser les concepteurs plutôt vers des ferrata "villageoises", voire urbaines, comme à Peille, à Thônes ou à Grenoble, et quelque part, on ne peut s'empêcher de le regretter.

Les montagnes des Dolomites, où les nombreuses ferrata sont presque toujours en altitude et entretenues par les guides et les collectivités locales, auraient pourtant pu servir d'exemple. Il y a là-bas une attitude plus collective : tout le monde entretient les ferrata, les touristes affluent, et tout le monde en profite... Mais c'est un autre univers...

Du Pont de l'Alpe, monter sur l'alpage qui borde l'Aiguillette sur la gauche. Longer tout son versant ouest (sur lequel on voit d'ailleurs la ferrata) en passant devant les chalets de l'Alpe du Lauzet. Poursuivre au-delà jusqu'à une bifurcation qui indique la ferrata. Après un parcours sinueux, on trouve les premiers câbles qui remontent des pentes herbeuses raides, puis on traverse sur des vires entrecoupées de petits murs. Certains sont équipés de curieux marchepieds, l'un d'une échelle.

Une descente mène dans un tunnel étroit après lequel des échelons remontent une dalle très lisse. Un entonnoir herbeux, puis des dalles en écharpe à droite, un autre entonnoir herbeux, et on atteint le col des Aiguillettes situé à gauche du sommet, lequel peut se gravir en quelques minutes.

Du col, la descente peut s'effectuer par des pentes herbeuses que l'on coupe à gauche pour revenir sur l'Alpe du Lauzet, ou bien par le chemin et les pierriers qui dévalent le vallon à droite et rejoint le chemin du Roy (GR 50) que l'on suit vers l'ouest.

VIA FERRATA DE LA CROIX DE TOULOUSE — 23

BRIANÇON

Départ : Briançon, Champ de Mars (grand parking au-dessus de la cité Vauban). Une petite route monte en direction de la falaise que l'on voit parfaitement, entre les restaurants *La Vigne* et *Les Trois Chamois*. La remonter sur 500 m jusqu'à l'endroit où un chemin en prend le relais à droite d'une citerne (panneau).
Horaire : 40 mn d'approche ; 1 à 2 h de ferrata ; 40 mn de descente
Dénivellation : environ 680 m dont 200 de ferrata (370 m de câbles).
Difficulté : via ferrata assez tranquille sans grande impression de vide.
Conception/réalisation : ville et bureau des guides de Briançon / SYSIPHE (1993).
Altitude maximale et exposition : 1 967 m. Sud.

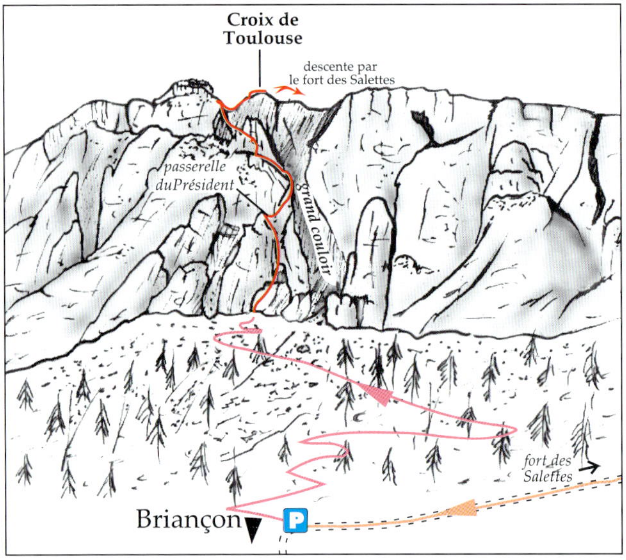

La passerelle du Président.

Le nom de *Toulouse,* qui vient du nom d'une grande famille de la région, les *Tolosan,* ne doit pas vous effrayer. L'itinéraire est bien un peu urbain, puisqu'il se déroule au-dessus de la ville de Briançon. Mais la plus haute ville de France est heureusement loin d'être une grande métropole et cela reste un plaisir d'apprécier de haut le charme médiéval de la cité Vauban .

Le Briançonnais fit office de pionnier en matière de via ferrata. Le livre de Pierre Millon (*Les randonnées du vertige*) présentait celles de la première génération (Freissinières, Les Vigneaux, l'Aiguillette du Lauzet), nées dès 1988 sous l'impulsion de quelques personnalités locales, des guides parmi lesquels on peut citer Lionel Condemine, Christian Ferrera, Gérard et Yvan Estienne... Leur succès fut tel qu'il eut plusieurs conséquences imprévues : la plus spectaculaire étant l'extension du phénomène à d'autres régions, la Maurienne principalement.

Mais le Briançonnais ne s'arrêta pas en si bon chemin et d'autres ferrata furent créées, à l'Argentière-la-Bessée, à Puy-Saint-Vincent, en attendant des projets plus importants comme celui de Cervières, et surtout, au-dessus des Vigneaux, un rêve des frères Yvan et Gérard Estienne, guides au village : la tête d'Aval de Montbrison.

Le sentier monte en lacets, puis fuit à droite de la falaise avant de revenir au pied de son arête Sud-Est, à gauche d'un grand couloir d'éboulis. La via ferrata commence là par une alternance de vires et de petits murs qui suivent l'arête, avec de fréquentes incursions dans le versant est qui domine le couloir (on remarquera l'important dispositif anti-éboulement qui barre celui-ci). Au premier tiers, la petite passerelle du Président permet de franchir une brèche. On continue ensuite sur l'arête dans le même style. La fin est entrecoupée d'assez longues portions de marche sur un sentier. Un dernier câble en oblique à droite débouche tout près du belvédère du sommet à 1 962 m.

De là, rejoindre un petit fortin à l'abandon et partir à droite sur un large sentier qui descend au fort des Salettes non loin du parking.

VIA FERRATA DES GORGES DE LA DURANCE — 24

L'ARGENTIÈRE-LA-BESSÉE - BRIANCONNAIS (HAUTE DURANCE)

Départ : de l'Argentière-la-Bessée, au sud de Briançon, prendre la route de Vallouise. Avant la Bâtie des Vigneaux, prendre à droite (fléchage peu discret). Parking dans un virage.

Horaire : 3 mn d'approche ; 2 h de ferrata ; 20 mn de descente.

Dénivellation : environ 200 m, mais avec beaucoup de traversées et une redescente au milieu (longueur du câble : 800 m en deux parties bien distinctes).

Difficulté : surplombs assez prononcés pour l'accès aux deux premières passerelles. La suite est classique. Sensations de vide assez fortes sur la fin.

Conception/réalisation : Yvan Estienne et Patrick Vigne (1996) / ALTITOP (ROC pour l'entretien).

Altitude maximale et exposition : 1 200 m. La gorge est assez large et voit le soleil en milieu de journée.

Remarques : via ferrata payante (20 F en 1999).
- déconseillée aux enfants de moins de 1 m 30 ; interdite aux enfants de moins de 12 ans non accompagnés d'un adulte expérimenté.

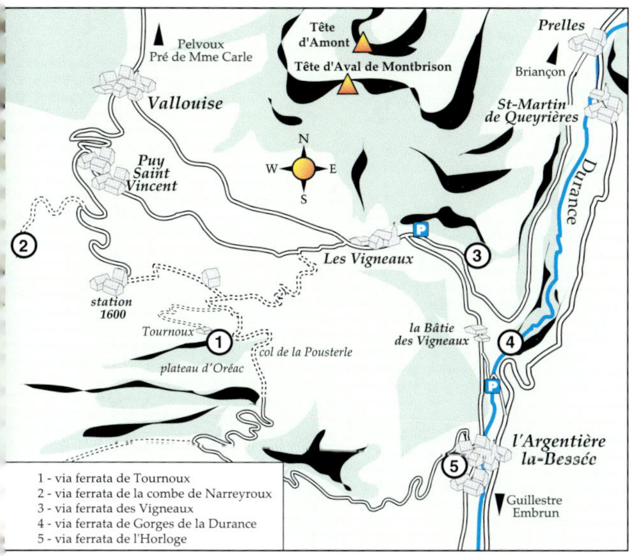

Le début est marqué par deux passerelles superposées.

On a décrit dans certains topos cette ferrata comme "la plus difficile de France". C'est curieux, car elle est relativement classique. Depuis, on a vu de réelles horreurs naître à Val d'Isère, à Thônes ou à Peille. Il faut bien se rendre à l'évidence : la subjectivité des pratiquants, lesquels n'ont pas une culture de la cotation

Pour s'initier en haute Durance

Plusieurs petits parcours d'initiation ont été installés dans la région de l'Argentière-la-Bessée :
- *Les via ferrata de Tournoux (une en montée, une en descente)*, faciles, longues de 200 mètres, et situées au-dessus de la station de Puy-Saint-Vincent en Vallouise. Deux accès sont possibles. Le premier depuis Puy 1600 (parking des tennis et les chalets de Tournoux, 15 mn). Le second depuis le col de la Pousterle et la piste de ski de fond (interdite aux véhicules), 15 mn également, mais le retour est plus court (compter 1 h 30 à 2 h pour chacun des deux). Renseignement précis à l'office de tourisme de Puy-Saint-Vincent.
- *La via ferrata de l'Horloge*, située au-dessus de la gare de l'Argentière-la-Bessée, totalement équipée pour les enfants avec des échelons et des espaces tenant compte de leur taille. Pour y accéder, prendre au centre ville la rue de la République et monter en direction de l'école d'escalade des Collets. Du parking, longer la falaise et descendre pour rejoindre le départ.
- *La via ferrata de la combe de Narreyroux*, accessible depuis Puy-Saint-Vincent 1400 à l'ouest de laquelle elle se trouve, se déroule dans des gorges avec quelques passerelles. Compter 1/2 h aller + 1/2 h retour par le même itinéraire ou par un sentier botanique.

Les deux premiers itinéraires ont été créés en 1997 et 1998 par ALTITOP, société de l'Argentière ayant disparu depuis. Le retour de Tournoux a été rajouté à l'automne 1999 par ROC, qui réalisa aussi la combe de Narreyroux.

comme les grimpeurs et manquent de points de référence, rentre davantage en ligne de compte que pour d'autres activités plus techniques. Ainsi, la nature impressionnante de ces gorges où coule une rivière grondante, le caractère très aérien de certains passages, et enfin les carences de l'équipement, avec des câbles détendus et placés trop bas, ont certainement influencé certains jugements.

Il n'en reste pas moins que certains passages sont athlétiques, et notamment au tout début, ce qui sélectionne d'entrée les prétendants. La deuxième partie est en outre particulièrement vertigineuse. Cette ferrata, bien que surévaluée, reste donc intéressante, d'autant plus qu'elle se déroule, comme à Aussois, dans des gorges magnifiques, traversées trois fois par des passerelles et chevauchées par une étonnante conduite EDF, un pont spectaculaire qu'on regrette de ne pouvoir emprunter.

De la traversée finale de la première partie, on voit au fond à gauche le raide bastion de la deuxième.

Du parking, descendre au pont et prendre juste après le sentier à gauche. Après la cabane de péage, continuer en direction des gorges. L'accès à la première passerelle est assez athlétique. Après avoir traversé la Durance, on monte à une seconde passerelle située

La partie terminale remonte un bastion particulièrement vertigineux.

quelques mètres au-dessus de la première. La suite se déroule dans de belles dalles striées assez raides. Une traversée délicate amène dans des pentes d'éboulis qu'une passerelle protégée par un grillage aide à franchir. On redescend vers la Durance par un chemin et on la traverse une troisième fois. Le bastion au-dessus se remonte à peu près directement, avec une partie supérieure assez raide et aérienne.

La descente s'effectue par des chemins évidents et balisés en rive droite de la Durance.

VIA FERRATA DES VIGNEAUX 25

BRIANÇONNAIS (VALLOUISE)

Départ : village des Vigneaux (à l'entrée de la Vallouise)
Horaire : 30 mn d'approche ; 1 à 2 h de ferrata ; 50 mn de descente
Dénivellation : 350 m dont 250 de ferrata (350 m de câbles)
Difficulté : beaucoup de verticalité et grande impression de vide. Surplomb prononcé dans la sortie des Balmes.
Conception/réalisation : Yvan et Gérard Estienne (guides aux Vigneaux)/SYSIPHE (1991 - entretenue par ROC).
Altitude maximale et exposition : 1 500 m. Sud.
Remarques : ferrata payante depuis 1996 (20 F, gratuite pour les enfants).
- Attention à la fréquentation (15 000 personnes par an).

Voir carte de situation de l'itinéraire n° 24.

Dans la trilogie historique des premières ferrata françaises (avec Freissinières et le Lauzet), celle-ci, située dans un site plus touristique que la première et plus facile d'accès que la seconde, dotée dés le départ d'un équipement qui correspondait aux critères modernes, remporta un succès tel que ses concepteurs furent rapidement confrontés à des problèmes d'entretien qu'ils n'auraient pas imaginés au départ. La dégradation du matériel était telle qu'elle engendra des coûts insupportables pour la petite commune des

Aérienne, facile d'accès et située dans le cadre exceptionnel de la Vallouise, la ferrata des Vigneaux est pour beaucoup dans le développement de la pratique en France. Elle fut aussi l'une des premières à être payante.

Vigneaux. Aussi fut-il décidé de la rendre payante en 1996, une initiative pionnière née en même temps que la ferrata du Caire (laquelle fut la première à l'être *depuis sa création*). On peut remarquer que l'instauration de ce péage ne ralentit nullement la fréquentation, de même qu'à La Colmiane, dans les Alpes maritimes, où le nombre de passages augmenta même après que la ferrata fut devenue payante !

Le succès de la ferrata des Vigneaux tient non seulement à sa situation dans une des plus belles vallées des

Alpes, cette Vallouise qui mène à la Barre des Écrins à plus de 4 000 m, mais aussi à son caractère aérien. Depuis, on a vu pire, mais il faut reconnaître que le parcours, si bien exposé qu'il est faisable une grande partie de l'année, est particulièrement agréable et esthétique. De plus, l'itinéraire se divise en deux parties. Si vous avez les bras, celle de droite est pour vous et vous emmènera dans des dalles aériennes ainsi que dans un surplomb formé par le toit d'une grotte. Mais dans ce domaine aussi, depuis, on a vu pire.

Le parking se situe à l'embranchement de la route qui retourne sur Briançon depuis le village des Vigneaux. Un petit sentier monte rapidement à l'attaque, au pied d'une vire qui prend tout le bas de la falaise de la Balme en écharpe vers la gauche. Après cette vire, les échelons remontent des dalles assez directement avant une bifurcation. L'itinéraire original (voie du Colombier) part vers la gauche où une échelle détachée de la paroi est visible et revient au sommet par d'autres dalles.

La variante sportive de la Balme (à droite donc) remonte une dalle presque lisse avant de traverser à droite vers une sorte de grotte dans un repli. On franchit directement le surplomb de cette grotte avant de retraverser à droite. Une dernière dalle lisse et c'est la sortie dans les pins.

Le chemin de descente n'est pas très loin sur la gauche (en regardant vers le haut).

Le surplomb de la variante sportive de la Balme.

VIA FERRATA DE FREISSINIÈRES — 26

BRIANÇONNAIS (VALLÉE DE LA BYAISSE)

Départ : à l'entrée de Freissinières, prendre à droite la route du col d'Anon. Se garer dans le virage qui précède le hameau des Roberts.
Horaire : approche : 20 mn. 2 à 3 h de ferrata. Descente 45 mn.
Dénivellation : 140 m, mais il s'agit essentiellement d'une traversée dans une falaise de 280 m ; longueur du câble : 1 500 m.
Difficulté : de nombreux passages en dalles lisses avec un équipement minimum. Il s'agit donc d'une ferrata assez physique bien que ne comportant pas de passages surplombants.
Conception/réalisation : Lionel Condemine - 1988 (1991 pour la seconde partie). La construction est due aussi à Robert Chevalier et Jean-Yves Gerbet et l'entretien est maintenant assuré par Pierre Guiraud (FORECSOL).
Altitude maximale et exposition : 1550 m. Sud.

Nous voici dans la première via ferrata française, un itinéraire historique dû à un homme venu s'installer dans cette vallée perdue au milieu des années 80. Lionel Condemine se définit lui-même comme un "guide-hôtelier". Il est donc doublement intéressé au tourisme, lequel, trop peu développé dans ce petit coin du massif des Écrins, suffisait difficilement à faire vivre son gîte.

De retour d'un périple dans les Dolomites, Lionel, surpris par l'ampleur du phénomène en Italie, se dit que la traversée de la Grande falaise de Freissinières ferait une belle ferrata. Avec l'accord des quelques habitants de son village, il entreprend lui-même les travaux. Il faut bien le dire, la première version était quelque peu artisanale. On y trouvait des tiges métalliques jaunes qui servaient d'appui pour les pieds, mais sur lesquelles on risquait de s'empaler en cas de chute. Il fallait s'employer dans ces passages très peu équipés et on était souvent à la limite de l'escalade.

Aujourd'hui, l'itinéraire, long et audacieux, reste un des plus aériens et des plus appréciés de tous, dans un cadre lumineux et coloré. L'équipement a été refait selon des normes modernes, et il est prévu de doubler le câble dans les sections stratégiques à des fins de

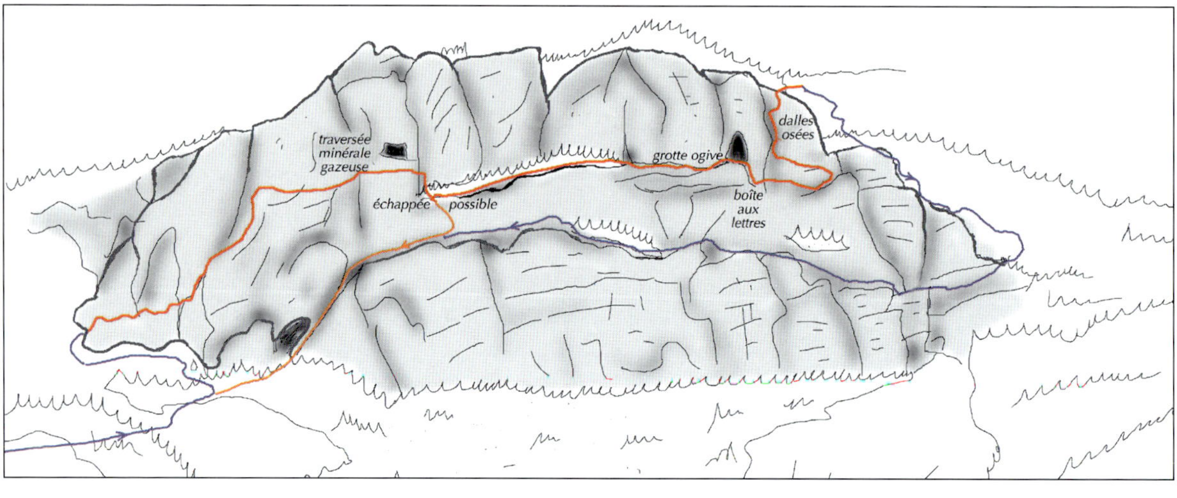

Un parfum de pionnier dans ce qui fut la première via ferrata française.

délestage, mais aussi pour permettre aux contemplatifs de jouir du paysage sans gêner les autres.

C'est l'une des préoccupations actuelles de Lionel Condemine que d'ouvrir l'activité à une découverte du milieu naturel de la falaise. Il avait déjà conçu la piste d'interprétation de la Sitelle non loin de là, et il a illustré de ses dessins plusieurs documents, sur les oiseaux notamment. En juin 2000, un document de 32 pages doit sortir pour présenter cet environnement particulier. Il y sera question d'histoire locale, d'anecdotes, de géologie, de la faune et de la flore. La vente pour quelques francs de cet ouvrage constituera-t-elle une solution "douce" pour financer l'entretien de la ferrata ? Elle sera en tout cas plus agréable et culturelle qu'un simple péage et fera peut-être du ferratiste autre chose qu'un sportif à la recherche de sensations furtives. Vous le savez maintenant : en achetant ce petit document dans les sites d'accueil locaux (points info, hôtels, campings, etc.), vous participez à la vie de cette vallée attachante.

Le Parc des Écrins et l'ONF, intéressés, participeront sans doute à ce projet. Le Parc est toujours resté prudemment à l'écart des via ferrata, mais il considère que celle de Freissinières, dont l'équipement "doux" permet un contact avec le rocher, garde un aspect nature qui s'accorde bien avec l'environnement de la vallée.

L'autre ambition de Lionel est d'ailleurs de profiter de la ferrata pour promouvoir l'escalade en équipant des passages, parfois avec des prises rapportées, pour délester des sections câblées. Affaire à suivre...

De la route, une traversée à peu près horizontale mène au pied de la falaise, sous de beaux surplombs rougeâtres où l'on trouve quelques grimpeurs. Le sentier revient à gauche pour attaquer par un système de vires. La suite est une succession de petits murs lisses et de traversées aériennes. Une courte descente amène sur la vire centrale. De là, on peut gagner le chemin de descente.

La deuxième partie commence par une terrasse boisée. Après une large vire, on pénètre dans la grotte ogive dont on descend par une faille (boîte aux lettres). Quelques vires mènent au pied de dalles lisses et aériennes : *la rampe des Trous* et *les dalles Osées* sont les passages les plus impressionnants. Le sentier de descente n'est plus très loin.

Les dalles Osées portent bien leur nom.

SENTIER DE FALAISE DES GORGES D'AGNIELLES — 27
HAUT-BUËCH

Départ : sur l'axe Grenoble/Sisteron, entre La Faurie et Aspres-sur-Buëch, la route de Veynes part à l'est. La piste d'Agnielles s'ouvre juste au nord de celle-ci en passant sous la voie ferrée par un petit pont.
Horaire : 2 h AR.
Dénivellation : aucune puisqu'il s'agit d'une traversée sur une longueur d'environ 500 m.
Difficulté : pour une si petite falaise, les sensations sont étonnantes et il faut tout de même s'employer pour effectuer certaines traversées dans des sections presque surplombantes.
Conception/réalisation : Yves Gaillard/District du Haut-Buëch (1996).
Altitude maximale et exposition : 1 000 m. Est.

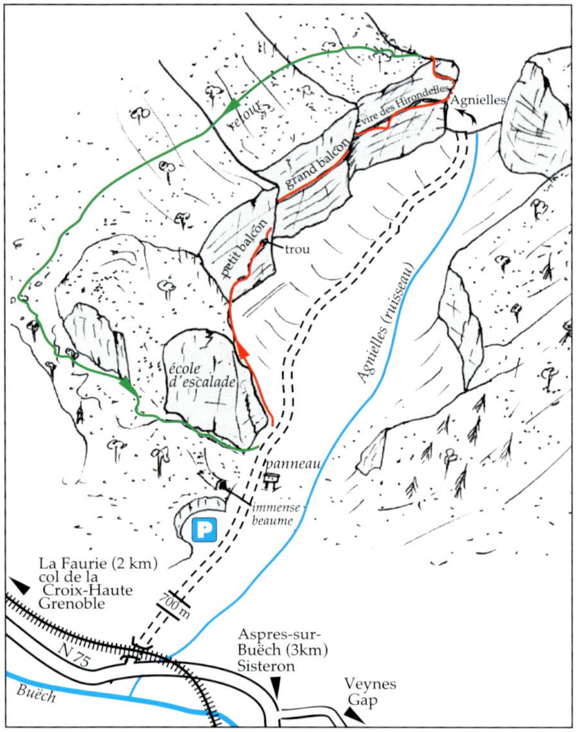

Il est toujours étonnant de voir quel parti certains équipeurs arrivent à tirer d'une falaise modeste. Nous en avons ici un bel exemple, puisque malgré une hauteur de moins de 60 m, on éprouve de belles sensations de vide. C'est un itinéraire parfait pour emmener des enfants. Il ne faut toutefois jamais laisser ceux-ci en autonomie sur le câble, car on ne peut être sûr qu'ils vont s'assurer correctement, notamment au passage des broches. Il faut donc les attacher au bout d'une corde de 4 à 5 m pas plus, et, dans les traversées, passer celle-ci dans des sangles mousquetonnées sur les broches du câble *(voir détails techniques en p. 26)*.

Notons que nous sommes là à deux pas du *Baumugne* de Giono, dans un pays merveilleux, plein de canyons cachés, d'écoles d'escalade, propice à l'équitation, au ski de randonnée... ou à la simple méditation. Il est intéressant de poursuivre sur la piste d'Agnielles, un village abandonné en partie rénové par l'ONF, où règne une étrange ambiance qui laisse rêveur sur le passé de nos ancêtres...

Suivre la piste sur 300 m jusqu'au pied de l'école d'escalade. Se garer près d'une sorte d'ancienne carrière (immense baume) avant un grand panneau d'information. Le sentier débute 100 m plus loin juste après l'angle de l'école d'escalade. Il suit d'abord une corniche aérienne (le "balcon des Escargots") au bout de laquelle on trouve les premiers échelons. Le câble suit ensuite la vire médiane en passant à travers deux grottes et en franchissant plusieurs petits ressauts en montée ou en descente. À la fin, après la "vire des Hirondelles", il revient au-dessus de lui-même pour sortir dans des pentes couvertes de végétation. Le sentier du retour, mal tracé, serpente en montée puis traverse horizontalement à gauche dans les chênes avant de plonger assez abruptement sur le parking.

La vire utilisée traverse une falaise certes petite, mais les sensations sont au rendez-vous.

La mini-ferrata de Céüse

La falaise de Céüse, qui trône au-dessus de la plaine de Gap, est le terrain d'entraînement des plus grands grimpeurs français, Edlinger et Lafaille en tête. Une minuscule ferrata, conçue par l'ONF, offre un complément intéressant à une balade qui permet de découvrir les deux étages de ce massif lumineux. C'est l'occasion d'initier quelqu'un au vide, car elle n'est "mini" que par sa longueur, et le matériel spécifique aux ferrata reste absolument indispensable.

À la sortie est de Veynes (20 km à l'ouest de Gap), un panneau "massif de Céüse" indique à droite une petite route que l'on suit sur 6 km par Les Savoyons. Après un pont blanc, une piste monte à gauche : panneau "route forestière de Châtillon-le-Désert". Suivre celle-ci, qui est facilement carrossable, jusqu'à une barrière vers 1 300 m. Un grand parking et un panneau explicatif du massif, c'est là tout Châtillon, vraiment désert. De Châtillon-le-Désert, continuer la piste en lacets pour arriver sous les premières falaises. Un chemin part à gauche (panneau : plateau de Céüse). Non loin, un autre chemin part à droite (panneau : pic de Céüse par la via ferrata). À partir de là, la ferrata est clairement indiquée.

Après avoir surmonté la falaise par les échelons et grimpé au pic de Céüse (2 016 m), il ne reste qu'à traverser le plateau vers le sud-ouest en se tenant près du bord des falaises (vague sentier). À noter qu'on peut couper à un moment par une descente un peu escarpée : la Cascade ; c'est le premier sentier, peu marqué, que l'on voit partir vers les falaises dans une petite combe. En bas, on rejoint le chemin de montée un peu avant la piste.

2 heures d'approche ; 10 minutes de ferrata ; 1 h 30 de descente. 700 m de dénivellation dont 60 m de ferrata.

Les Étroits du Dévoluy — 28

Départ : Saint-Etienne-en-Dévoluy, que l'on atteint depuis l'axe Grenoble-Gap (Corps) par le défilé de la Souloise (direction Super-Dévoluy). Le parking se situe juste après un pont vers 1250 m, 1 km au sud-est du hameau du Courtil. On peut également atteindre ce point par le sud depuis Veynes en passant le col du Festre ou depuis Gap en passant le col du Noyer.
Horaire : 1 h 30 à 2 h.
Dénivellation : non significative puisqu'il s'agit d'une traversée à mi-hauteur des flancs d'un canyon sur une longueur de 1 280 m.
Difficulté : quelques courts passages verticaux et de nombreuses traversées. L'ambiance tient plus de la spéléo que de l'escalade.
Conception/réalisation : Communauté de communes du Dévoluy/SYSIPHE (1998).
Altitude maximale et exposition : 1 270 m. Gorge très encaissée ; seule la première partie voit le soleil le matin.
Remarque : une échappatoire à mi-chemin divise l'itinéraire en deux parties. Les concepteurs ont baptisé la première *traversée des Beaumes* et la seconde *voie Vertigo*. La seconde est un peu plus soutenue et l'échappatoire est conseillée à ceux qui auraient eu des difficultés dans la première.

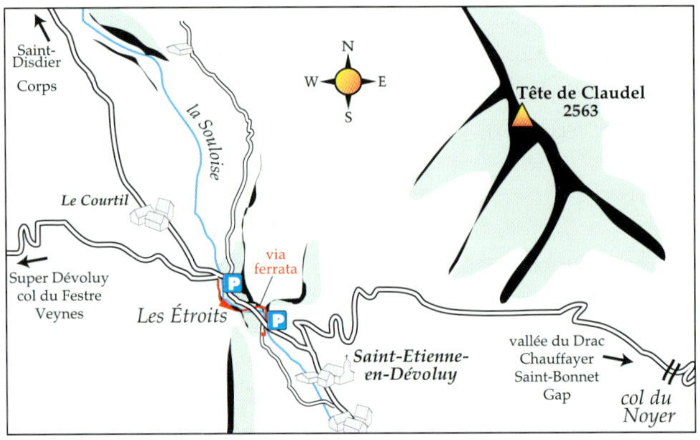

On peut difficilement imaginer une ferrata ayant autant de personnalité. *Les Étroits* portent en effet bien leur nom. Il s'agit d'une traversée à mi-hauteur d'un canyon, lequel n'est large par endroits que de quelques mètres. L'ambiance est donc sombre, plus qu'à Aussois, Saint-Christophe ou la Durance. Malgré cela, l'itinéraire est entièrement visible de la route, laquelle passe deux fois au-dessus sur des ponts couverts de badauds. Vous risquez de vous sentir observés…

L'itinéraire reste court mais très ludique, avec quelques passages dans des grottes ou sur des blocs coincés qui permettent de traverser la Souloise. Ce torrent, issu du lac du Sautet, traverse les célèbres gorges de la Gillarde bordées par d'immenses falaises, avant de venir creuser ce défilé. C'est l'attrait du Dévoluy, l'un des derniers déserts français, de présenter ce relief accidenté, tout en replis cachés, troué de multiples grottes et canyons ; cette ferrata est donc à l'image du massif qui l'abrite.

Le début, dans la traversée des Beaumes.

Du parking, revenir sur le pont et le traverser. Un chemin part à gauche et descend vers le torrent. Quelques câbles assurent les premiers passages escarpés. Après une première beaume puis une traversée, une volée d'échelons assez raide amène dans une grotte que l'on traverse. Puis une vire permet d'approcher une cascade le long de laquelle monte l'échappatoire. La deuxième partie traverse la cascade (souvent sèche). Après quelques passages assez raides et impressionnants, un bloc coincé permet de changer de rive sous le premier pont, et on trouve une petite passerelle pour franchir un affluent (le Rif, site d'escalade et de canyonning). De l'autre côté, après quelques mètres, le canyon devient franchement étroit et sombre. Des échelons descendent un mur raide puis traversent sur des parois tout aussi raides sous le second pont. On change à nouveau de rive sur un bloc coincé avant une traversée aérienne qui permet de sortir du canyon et de remonter sur une petite route.

Retour par celle-ci puis par la route des gorges d'où vous pourrez contempler vos suiveurs.

Un véritable canyon, ici au tout début du printemps.

VIA FERRATA DE LA GRANDE FISTOIRE — 29

LE CAIRE - SISTERONNAIS (PAYS DE LA MOTTE-TURRIERS)

Départ : village du Caire, vallée du Grand Vallon, à 25 km au nord-est de Sisteron. Le rocher de la Grande Fistoire domine la D 951, environ 1 km à gauche après le Caire.
Horaire : 10 mn d'approche, 2 h de ferrata, 20 mn de descente.
Dénivellation : environ 320 m dont 250 de via ferrata (longueur du câble : 650 m). Le retour par la passerelle impose une courte redescente depuis le sommet.
Difficulté : facile au début, quoique comportant déjà quelques passages verticaux, la via se faufile ensuite astucieusement dans des surplombs jaunes assez impressionnants, mais sans trop de passages athlétiques. Le "bombu" final, surplombant, est désormais évitable par la gauche (variante des "Bras Cassés"). Sensation de vide garantie, encore plus depuis la construction de la passerelle.
Conception/réalisation : PRISME (1996 ; 1999 pour la passerelle).
Altitude maximale et exposition : 1 110 m. Nord-est pour le début et la passerelle, sud pour la partie supérieure.
Remarque : ferrata payante (30 F en 99). Il est en outre possible de louer un matériel individuel adapté (casque, baudrier et zyper).

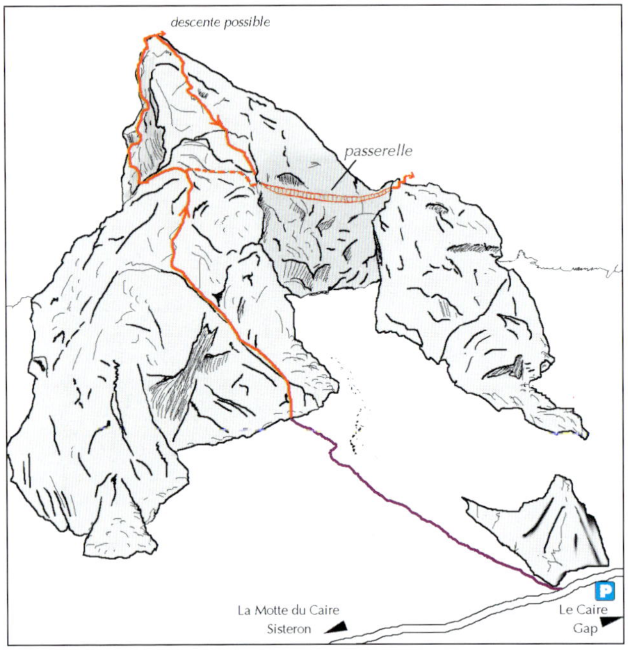

Le rocher de la Grande Fistoire (de *la Fougère* sur certaines cartes), est un curieux monolithe d'aspect pyramidal – ô ironie du sort au Caire ! – , planté comme par accident au bord de la route dans un décor par ailleurs plutôt vallonné. Dans une région comme celle-ci, l'une des plus retirées et des plus paisibles de France, un équipement tel qu'une ferrata devient vite un événement. Subitement, les touristes affluent, la vallée s'ouvre, des contacts se nouent, d'autres projets sont envisagés... Cela, Freddy Schön, le maire du Caire, qui, comme beaucoup ici, vit de la culture de la pomme, l'avait bien compris et s'est débrouillé pour trouver le financement ce qui, dans une commune de 70 habitants, n'est pas chose facile. Des fonds européens pour le développement touristique ont finalement

Dans le "Bombu", la sortie, très aérienne.

permis la réalisation du projet. Reste que les moyens locaux ne pouvaient évidemment suffire à l'entretien. C'est pourquoi, par arrêté municipal, la ferrata est payante. On trouve au pied un *régisseur* chargé de collecter la redevance. Aucune autre commune n'avait osé envisager cette solution dès la création (celle des Vigneaux l'a fait au bout de cinq ans d'existence). 30 F pour aider des gens qui ont "fait le pari de redonner vie à leur commune en mettant en valeur ses rochers", je n'y vois rien de choquant. Ce n'est ni souhaitable ni

La passerelle de 59 m, record absolu...

utile dans la plupart des cas (celui d'une commune riche qui bénéficie de grosses retombées indirectes, par exemple). Mais au même titre qu'une remontée mécanique ou un court de tennis, une ferrata est un équipement sportif coûteux que l'usager fait vieillir à chaque passage. L'entretien périodique en est d'autant plus indispensable que la sécurité y est attachée. On s'est demandé si le péage n'allait pas devenir un élément de régulation de la surfréquentation de ce type de ferrata. En fait, il n'a apparemment freiné personne, et la foule est toujours au rendez-vous.

Ceci étant, la ferrata du Caire vaut-elle le déplacement – et le paiement ? Oui, car elle se déroule sur une falaise impressionnante, dont la partie supérieure en rocher jaunâtre est surplombante, une section improbable qui ferait réfléchir un grimpeur ; et pourtant, l'astuce des concepteurs a fait que cela se franchit en zig zag sans trop de peine, tout en bénéficiant de l'ambiance d'une belle voie d'escalade.

Depuis 1999, l'itinéraire a été agrémenté de la plus grande passerelle d'Europe, 59 mètres de planches étroites financés par Vivendi (du mécénat) et inaugurés par Eric Barone le 5 juin... en VTT.

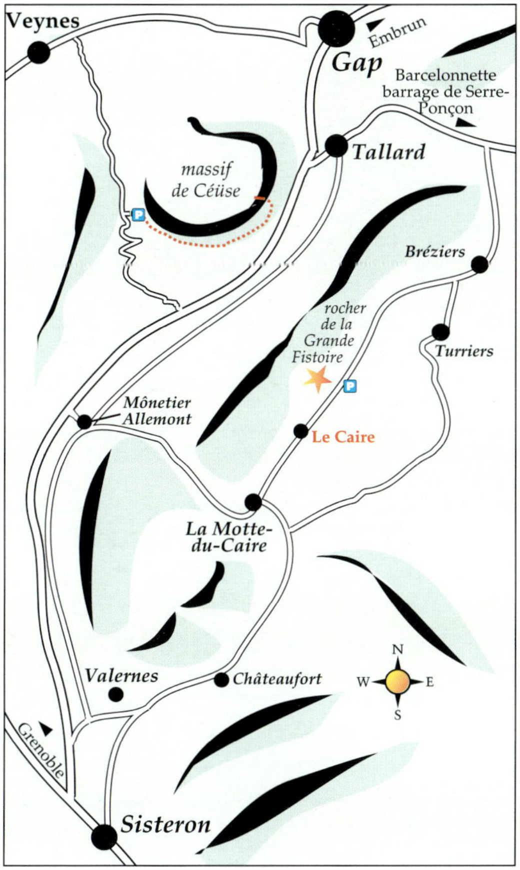

De la route (790 m), on voit fort bien l'itinéraire. Un petit sentier monte en direction du rocher de la Grande Fistoire jusqu'au pied d'un petit mur vertical. Après celui-ci, une vire diagonale (*vire de la Lavande*) de droite à gauche monte dans le rocher gris vers l'arête principale. Le câble repart ensuite à droite avant de rejoindre une vire sur l'arête (il est possible d'aller tout de suite sur la passerelle par cette vire à droite).

De là, en changeant nettement d'orientation, on traverse sur la *vire du Chêne* sous les surplombs jaunes de la face Sud-Ouest que l'on franchit en zig zag par diverses faiblesses : *le S qui gêne, la vire du Junipérus, la dalle Couchée* et le *bombu* final *(bombu* vient d'une mauvaise assimilation du mot *bombé = surplomb,* par les habitants du Caire, mais cela leur plaît ainsi...).

Du sommet, on peut descendre directement, mais depuis 1999, on descend non plus à gauche, mais à droite sur l'arête pour venir au-dessus de la passerelle. On atteint celle-ci en descendant quelques échelons raides.

De l'autre côté, on trouve un chemin qui remonte un court instant pour rejoindre la piste de descente qui vient du sommet.

Le début de la partie jaune surplombante.

LES VIA FERRATA DES ORRES 30

GAPENÇAIS

Départ : station des Orres, au-dessus d'Embrun et du lac de Serre-Ponçon.
Horaire : 30 mn d'approche. 1 h à 1 h 30 pour la ferrata de la Cascade (45 mn pour la ferrata de Marcelinas).
Dénivellation : Cascade : 250 m - 800 m de câbles (Marcelinas : 200 m et 500 m de câbles).
Difficulté : très soutenu et assez athlétique dans la ferrata de la Cascade, avec quelques surplombs délicats en traversée. La petite ferrata de Marcelinas est un itinéraire de découverte facile ; conseillé aux débutants et aux enfants.
Conception/réalisation : ROC (1998).
Altitude maximale et exposition : 2 000 m. Est.

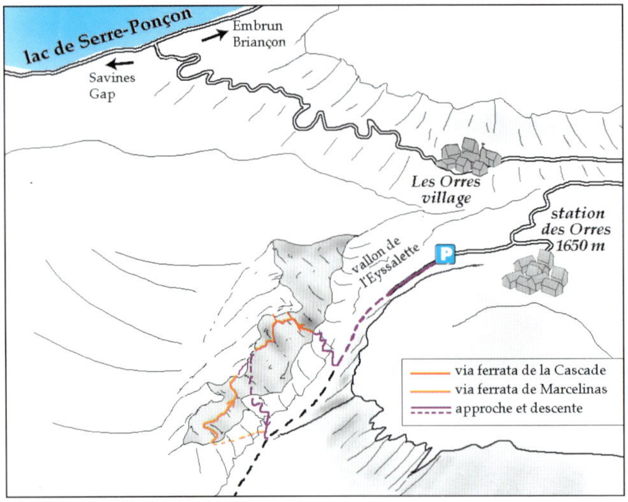

La station des Orres, qui domine le lac de Serre-Ponçon, est une station extrêmement dynamique. Les animations y sont nombreuses et variées et le cadre agréable et reposant. Trop reposant sans doute, et il manquait une activité qui puisse faire travailler les guides de la région.

C'est pourquoi fut aménagée la falaise de la cascade, où seuls quelques grimpeurs venaient en hiver après que celle-ci eut gelé. Une école d'escalade a été aménagée sur la gauche ainsi que deux via ferrata dont une d'initiation et une plus difficile qui longe cette fameuse cascade.

Comme dans nombre d'autres centres touristiques importants, les via ferrata ont ici pour but avoué de compléter les animations proposées aux touristes. Elles se situent donc à proximité et offrent non seulement plusieurs niveaux, mais aussi des échappatoires qui arrangent bien les néophytes. Il faut dire que la traversée de la ferrata de la Cascade est particulièrement athlétique. Cet aspect sportif se fait au détriment de la logique qui voudrait qu'on utilise les vires naturelles situées quelques mètres plus bas. Mais où est la logique dans les ferrata modernes ?

Quelques passages tire-bras...

Prendre une route à droite à l'entrée de la station (panneaux). Se garer peu après devant une barrière sur le parking de Riou Sec. Prendre le chemin du lac de Sainte-marguerite. Pour la Cascade, après les cabanes de Pré Paisset (fontaine dans un tronc), prendre à droite une sente qui va traverser le torrent avant de remonter vers la falaise.

Pour la ferrata de Marcelinas, continuer plus loin sur la piste après les cabanes jusqu'au torrent que l'on traverse (c'est l'itinéraire que l'on prendra à la descente).

La Cascade présente une première partie droite et raide au bout de laquelle on trouve une échappatoire qu'il vaut mieux prendre si l'on est fatigué, car la traversée qui suit est encore plus dure. On trouve une deuxième échappatoire au milieu de cette traversée, avant une belle dalle lisse.

Descente par une vire dans le prolongement en direction de la ferrata de Marcelinas située sur la gauche de la falaise. On passe dessous celle-ci et on rejoint la piste en retraversant le torrent.

LES VIA FERRATA DE SAINT-OURS — 31

MEYRONNES - VALLÉE DE L'UBAYETTE

Départ : Meyronnes est située sur la route qui, entre le col de Vars et Barcelonnette, monte au col de Larche (frontière italienne). L'accès à Saint-Ours se fait par une petite route que l'on prend à gauche environ 1 km après Meyronnes.

Horaire : *approche* : 45 mn depuis Saint-Ours ou 5 mn si l'on va au bout de la piste en voiture, ce qui est déconseillé en pleine saison car le parking est tout petit.
- *L'Ourson* : 1 h ; retour en 1 h par le vallon de la Courbe.
- *Aiguille de Luce* et *aiguille du Coq* : 2 h 30 ; retour en 30 mn.
- *Tour d'Août* : 30 mn de marche depuis le sommet de l'aiguille du Coq. 1 h de ferrata. Retour : 1 h par la bergerie de Mirandol ou 40 mn par le vallon de la Courbe.

Dénivellation : environ 500 m du parking (1 950 m) à l'aiguille du Coq. 700 m du parking au sommet de la tour d'Août (environ 1 000 m de câbles).

Difficulté : *l'Ourson* : parcours d'initiation et de découverte.
- *Aiguilles de Luce* et *du Coq* : ambiance de paroi d'escalade lisse et vertigineuse ; toutefois, il n'y a pas de passages surplombants.
- *Tour d'Août* : ferrata très verticale et aérienne. Les passages athlétiques restent toutefois rares et courts.

Conception/réalisation : Christian Ferrera - ROC (1994 pour Ourson et Luce, 1998 pour la suite).

Altitude maximale et exposition : environ 2 550 m. Sud.

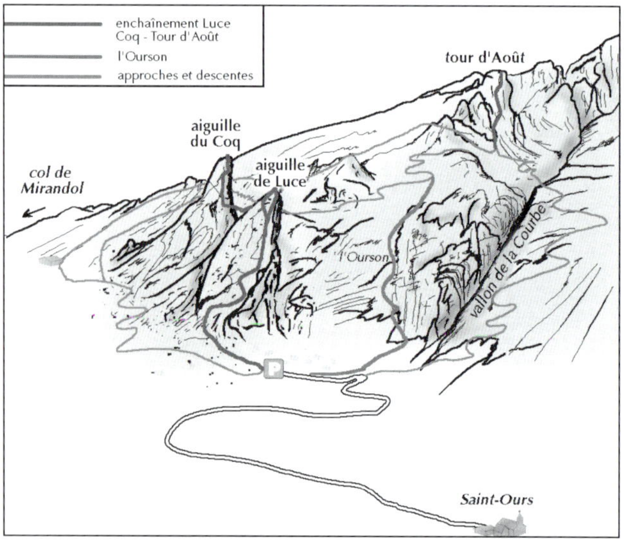

Au sud du Queyras, les montagnes de la haute Ubaye offrent aux randonneurs et aux grimpeurs un fabuleux terrain de jeu, encore mal connu malgré un climat exceptionnel. La mise en valeur du gendarme de Saint-Ours (l'aiguille de Luce) par les grimpeurs date ainsi de la fin des années 80. Il faut dire que le hameau est très retiré, à l'écart de la route du col de Larche qui mène en Italie, et que les aiguilles où se déroulent ces ferrata ne se distinguent que difficilement au milieu d'un immense versant d'aspect détritique. La qualité extraordinaire de leur calcaire abrasif est donc d'autant plus surprenante. Vues d'en bas, ces parois lisses et verticales (surplombantes dans le cas de la tour d'Août) constituent sans doute l'une des visions les plus impressionnantes offertes aux ferratistes. Et pourtant, on n'y trouve aucun passage vraiment athlétique et la sensation de vide reste dans les normes, ces falaises n'étant pas si verticales qu'on aurait pu le croire. Attention toutefois : fidèle à sa tradition, Christian Ferrera a équipé avec une grande sobriété. Il n'y a jamais un échelon superflu et l'on doit souvent se servir des prises offertes par le rocher.

Mais notre plus grand plaisir reste d'évoluer dans un magnifique décor de montagnes sauvages, au milieu des alpages et des vires à bouquetins.

Traverser Saint-Ours vers la gauche. Après l'auberge-gîte des Valmy, une piste monte en direction du gendarme de Saint-Ours, appellation parfois employée pour désigner l'aiguille de Luce. La piste, autorisée jusqu'à nouvel ordre à la

Dans la variante de l'aiguille de Luce.

Sur l'aiguille du Coq. On devine en bas la passerelle qui la relie à l'aiguille de Luce dont on voit la trace de sortie.

Partie centrale de l'aiguille de Luce.

circulation, mais déconseillée aux voitures classiques, mène en quelques lacets très serrés presque au pied de l'aiguille, sur un petit parking à 1 950 m.

- *L'Ourson* : la ferrata se déroule sur le petit éperon peu raide (mais qui se redresse progressivement) situé à droite de l'aiguille de Luce. Son attaque est facilement repérable grâce à une trace très marquée. Le retour est maintenant obligatoire par le vallon de la Courbe à droite, ce qui impose une petite remontée.

- *Aiguille de Luce* et *aiguille du Coq* : après une courte approche, un petit mur et une traversée à gauche permettent de rejoindre la grande vire diagonale qui raye tout le bas de la face. On la remonte jusque vers le rocher jaune bien visible du bas, que l'on franchit derrière une écaille en oblique à droite. Ensuite, une belle dalle grise peu raide, mais en surplomb au-dessus d'un vide impressionnant laissera quelques souvenirs. Ce n'est rien, la suite est encore plus raide et monte à peu près droit dans de belles dalles fissurées où se déploient plusieurs voies d'escalade. L'une d'elle, juste à côté, est très classique et dépasse à peine le quatrième degré tellement le rocher est adhérent et sculpté. Sur les derniers mètres, le câble se divise en deux : à gauche sur une belle dalle inclinée ou à droite (plus difficile).

Du sommet, il est possible de redescendre à droite et de rejoindre le sommet de l'Ourson puis le vallon de la Courbe, mais il est conseillé de poursuivre par la passerelle et l'aiguille du Coq, ce qui n'est pas plus difficile. Du sommet de cette dernière, on peut rentrer à gauche par un bon sentier sur la bergerie de Mirandol.

- *Tour d'Août* : pour ceux qui n'en auraient pas assez, monter à droite sur une sente mal tracée (petits rectangles rouges et cairns) et traverser en direction du sommet de la tour d'Août. Arrivé sous celle-ci, descendre un petit couloir d'éboulis le long de sa paroi Sud. La ferrata se situe au pied, à l'angle de la face Est surplombante.

Du sommet, soit descendre pour reprendre le même petit couloir et rejoindre le sentier du vallon de la Courbe un peu plus bas. Soit (plus long) partir à l'ouest (cairns, petits rectangles rouges), traverser tout le versant dans des pentes d'herbes jusqu'en vue de la bergerie de Mirandol.

Dans les dalles lisses de la tour d'Août.

VIA FERRATA "LA TRADITIONNELLE" — 32

AURON - HAUTE TINÉE

Départ : station d'Auron, au-dessus de Saint-Etienne de Tinée. Du bout de la route qui traverse la station, prendre une piste carrossable (panneaux) jusqu'à un lacet vers 2 080 m. On peut aussi monter depuis Saint-Etienne de Tinée par la télécabine de la Pinatelle et le télésiège de Lieuson. On arrive alors au sommet de la Berchia et il faut traverser les crêtes pour descendre au départ.
Horaire : *approche* : 10 mn depuis le lacet de la piste à 2 080 m. L'ensemble de la ferrata demande de 2 à 4 heures selon le niveau des participants.
Dénivellation : 174 m mais il s'agit essentiellement de traversées. Longueur du câble : 1 800 m.
Difficulté : les 7 sections qui composent cette ferrata sont de niveaux différents. Les sections 2, 4 et 5 comportent des passages véritablement athlétiques et sont déconseillées aux personnes qui n'ont pas de bras. Échappatoires entre chaque section.
Conception/réalisation : Mus Haddad/PRISME (1998)
Altitude maximale et exposition : 2274 m. Sud.
Remarque : via ferrata payante (20 F en 1999 - 15 F pour les enfants).

La Grande Traversée permet un bon échauffement...

Cette ferrata, tout en traversée, utilise de petites barres rocheuses accolées aux pentes herbeuses du massif sommet de la Berchia. Depuis la sympathique station d'Auron, on a du mal à croire que passe là une des plus belles et des plus physiques ferrata de France.

Pourquoi "la Traditionnelle" ? La réponse du directeur de la station et concepteur de la ferrata, très fier à juste titre de sa réalisation, est surprenante : "*Dans les Dolomites, berceau traditionnel de l'activité, les via ferrata ne comportent qu'un câble et il faut savoir grimper. Dans celle d'Auron, tout est donc fait pour qu'on puisse grimper au maximum avec les pieds sur le rocher.*" Il faut toutefois relativiser ces propos : seules quelques ferrata difficiles des Dolomites présentent cette intéressante particularité, et à Auron, on trouve tout de même beaucoup d'échelons. Il faut vraiment avoir envie de grimper pour se forcer à ne pas les utiliser. L'intention reste louable, mais combien le font ?

C'est que cet itinéraire est non seulement athlétique, mais il est aussi l'un des plus longs(1). Il faut donc avoir la forme pour le parcourir entièrement de façon "traditionnelle". Heureusement, des échappatoires sont prévues entre chacune des sections et on peut s'arrêter quand on

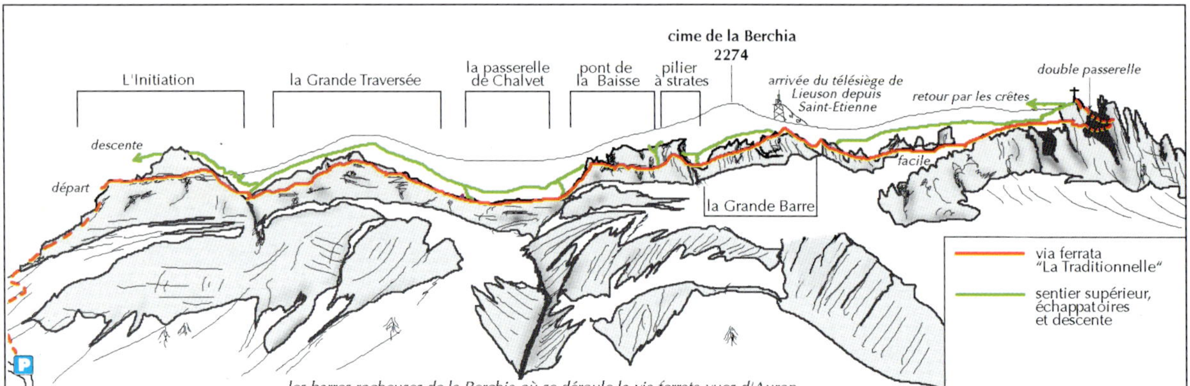

les barres rocheuses de la Berchia où se déroule la via ferrata, vues d'Auron

"Petites barres rocheuses" ne veut pas dire "petit effort". Au fond, la station d'Auron et, à droite, la piste d'accès.

veut, ou éviter les sections les plus dures, ce qu'il ne faut pas hésiter à faire si l'on n'est pas sûr de sa force.

On a aussi cherché à faire un itinéraire ludique. Ainsi trouve-t-on une débauche de passerelles et de ponts de singe assez typique du Sud. Existerait-il une compétition entre Auron et Valdeblore ? On a l'impression que les deux stations rivalisent pour en faire le plus possible. C'est à celui qui construira la plus longue passerelle, ou qui en mettra le plus (il y en a 4 ici !). Et, à Auron comme à La Colmiane, les projets ne manquent pas : une variante par ci, une passerelle par là... Il faudra tout de même bien s'arrêter un jour...

La première partie utilise une vire facile sur 300 m. La deuxième *(La Grande Traversée)* comporte des passages très à bras et quiconque éprouve ici des problèmes fera bien de ne pas insister dans les autres parties difficiles. La troisième, plus relax, amène en descente (150 m) à la passerelle de Chalvet. La quatrième commence par un pilier assez impressionnant puis traverse jusqu'à un pont de singe – *le pont de la Baisse* – tout aussi marquant (250 m difficiles). On arrive à la cinquième partie, la plus délicate, *le Pilier à Strates,* qui se livre à des montées et surtout des descentes dans des surplombs prononcés (150 m - une variante était à l'étude en 1999 pour passer un peu plus haut avec moins de difficultés). La partie suivante *(la Grande Barre* - 250 m) présente toujours des surplombs physiques et un pont de singe (*le pont de Combe Armand).* À partir de là, le rythme faiblit, les grosses difficultés sont passées. Une passerelle de 26 mètres un peu superflue agrémente la marche qui mène près des passerelles finales, la septième partie. La passerelle de Berchia est longue de 46 m. Elle permet d'accéder au sommet d'une tour (projet de variante en 1999 pour venir de plus bas par la raide falaise de l'autre côté de cette tour). Une autre passerelle (*de la Croix* - 14 m) ramène sous le sommet qu'on atteint par un mur très raide.

Les surplombs descendants du pilier à strates.

Le premier pont de singe (pont de la Baisse). Au fond, la station d'Auron.

Descente : il suffit de suivre le sentier qui longe le sommet des barres rocheuses et que les échappatoires entre chaque partie rejoignaient. On peut aussi (plus calme) aller au sommet du télésiège qui vient de Saint-Etienne et longer la crête sommitale.

1 - La plus longue ferrata de France (en mètres de câbles) est celle d'Aussois avec ses 3 km (si l'on enchaîne les différentes parties), celle de La Grave vient ensuite (2 000 m), puis Auron (1 800 m) devant La Colmiane (1 600 m), Freissinières et l'aiguillette du Lauzet (1 500 m) et Tovière à Val d'Isère (1 400 m).

Le pilier du début de la quatrième partie.

Les deux passerelles de la partie finale. La première mesure 46 m.

VIA FERRATA DU BAUS DE LA FREMA — 33

LA COLMIANE - VALDEBLORE

Départ : col Saint-Martin (1 500 m), station de La Colmiane (entre Valdeblore et Saint-Martin-Vésubie). Du col, une piste carrossable part au nord-ouest. La ferrata est signalée jusqu'au parking du bout de la piste vers 1 700 m.
Horaire : 5 à 6 heures AR, mais on peut s'échapper quatre fois en cours de route et descendre rapidement.
Dénivellation : environ 650 m (longueur équipée : 1 600 m).
Difficulté : plusieurs courts surplombs (attention à celui du début du Miéjou qui pose d'énormes problèmes à la plupart des pratiquants). L'ensemble offre d'intéressantes sensations de vide.
Conception/réalisation : J.-C. Bergondi/entreprise Pierre Fiorucci/PRISME pour la passerelle (1996 pour les trois premiers tronçons, 1997 pour les trois derniers).
Altitude maximale et exposition : 2 246 m - Sud.
Remarque : ferrata payante depuis 1998 (20 F ; 10 F pour les enfants - 15 F pour les groupes - location de matériel à la station). Attention à la très grosse fréquentation jusqu'en novembre.

Première réalisation des Alpes Maritimes en la matière, la ferrata de La Colmiane utilise astucieusement une architecture complexe de petites falaises disséminées dans les pentes boisées du baou de la Frema. Le clou du parcours est la passerelle suspendue entre deux aiguillettes de rocher qui émergent de la forêt. Les sensations sont garanties. On y descend exprès avant de remonter vers les barres rocheuses des cinq autres parties, où l'on trouve un passage surplombant au-dessus de la voûte d'une grande grotte, facilité par une échelle *à l'envers* (on monte entre l'échelle et le rocher, face au vide) ; ensuite, le trou des calanques, le pont de singe et d'autres fantaisies en projet font de cette ferrata l'une des plus variées, des plus amusantes, des plus belles et des plus longues aussi, mais avec, comme à Auron, l'intéressante possibilité de réaliser chaque partie séparément et d'arrêter quand on estime en avoir assez fait.

Le succès fut au rendez-vous dès le début, à l'époque où seules les trois premières parties existaient, et il ne fallut guère attendre pour voir une extension qui doubla la longueur. La ferrata devint alors payante, ce qui ne freina nullement la fréquentation. Au contraire, on a compté 11 000 personnes dans la saison 1998. Le plus étonnant est que la plus grosse journée – ce qu'on appelle *le pic de fréquentation* – était en octobre ; climat du sud et beauté de la lumière automnale dans cette région expliquent peut-être cela.

Les responsables de la station sont tellement satisfaits qu'ils envisagent d'autres améliorations : une ferrata pour les enfants en bas, d'autres ponts de singe, passerelles ou tyroliennes... On peut parler de ferrata *évolutive*. Peut-être faut-il toutefois se créer des limites pour ne pas transformer la montagne en luna-park...

La passerelle des Aiguillettes : près de 40 mètres suspendus ; sensations garanties.

L'arête des Calanques porte fort bien son nom. On s'y croirait.

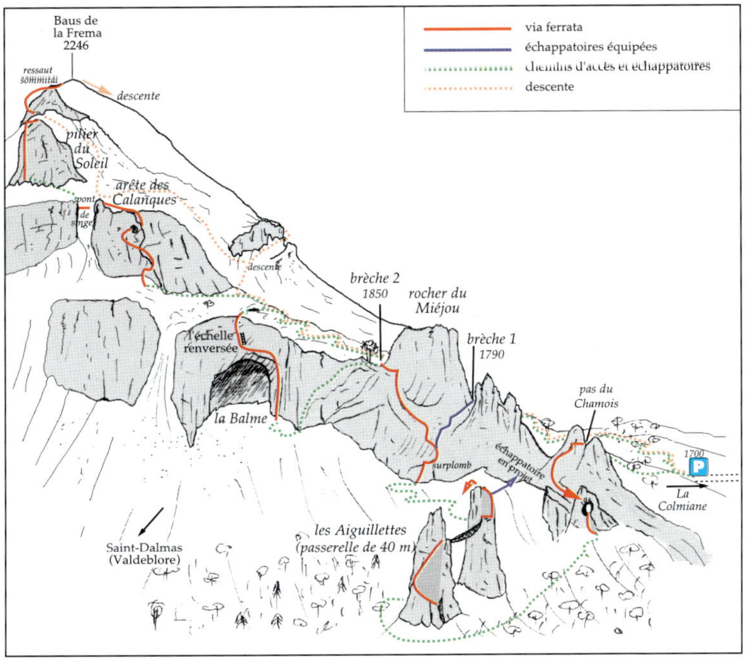

Du parking, il faut aller au bout de la piste et poursuivre sur un petit sentier. On laisse à droite le chemin par lequel on reviendra, et on descend à gauche par des échelons dans une combe entourée de petites falaises. On passe dans un trou et on traverse vers les Aiguillettes. On monte hélicoïdalement à la passerelle qui les relie.

Du pied de l'autre aiguillette, on remonte un sentier vers la falaise du Miéjou. Un surplomb court mais accentué (projet de sortie plus facile à l'étude à ce jour) précède la séparation de deux itinéraires : à droite, on rejoint facilement le sentier de descente à la brèche 1 (1 790 m). À gauche, on le rejoint plus haut, à la brèche 2 (1 850 m) par une traversée assez aérienne.

De là, on trouve à nouveau un sentier qui mène sous la Balme. Une raide série

L'échelle à l'envers de la Balme : face au vide.

d'échelons monte sur sa droite puis traverse au-dessus jusqu'à une échelle déversante qu'il faut gravir à l'envers – c'est-à-dire face au vide – puis se retourner pour retrouver les échelons.

On peut rejoindre le sentier de descente à droite, mais depuis 1998, on peut poursuivre par l'arête des Calanques, un parcours amusant sur un rocher tourmenté dont la texture rappelle effectivement le calcaire du célèbre site de Cassis.

Après un passage dans un trou, un vertigineux pont de singe vous laissera des souvenirs (évitable pour les âmes sensibles). La cinquième partie, le rocher Saint-Luc, présente à gauche un beau pilier (le pilier du Soleil) que l'on remonte à peu près directement dans une très belle ambiance. La fin se couche (aménagement d'une sortie plus ludique en projet : tyrolienne ou passerelle) et mène au pied du dernier ressaut. Quelques gradins, une traversée à gauche suivie d'une rampe austère et c'est le sommet, la table d'orientation, les alpages.

Le retour s'effectue par un bon sentier qui descend d'abord des pentes herbeuses puis revient dans les pentes caillouteuses qui longent la ferrata.

Sur la passerelle des Aiguillettes.

Le pilier du Soleil.

Le pont de singe à la sortie de l'arête des Calanques.

VIA FERRATA "ESCALE À PEILLE" 34

PEILLE - ARRIÈRE-PAYS NIÇOIS

Départ : parking indiqué dans le village de Peille. Pour accéder à celui-ci, prendre à Nice la Grande Corniche et monter à La Turbie où l'on trouve les indications vers Peille sur la gauche.
Horaire : 10 mn d'approche - 2 à 3 h de ferrata - 10 mn de descente.
Dénivellation : 220 m de ferrata mais avec beaucoup de traversées (longueur équipée : 600 m).
Difficulté : via ferrata extrêmement athlétique et soutenue, déconseillée aux petits bras.
Conception/réalisation : GÉO INGÉNIERIE (Golfe Juan)/SISYPHE (1999).
Altitude maximale et exposition : 700 m - Sud.
Remarque : ferrata payante (20 F en 1999).

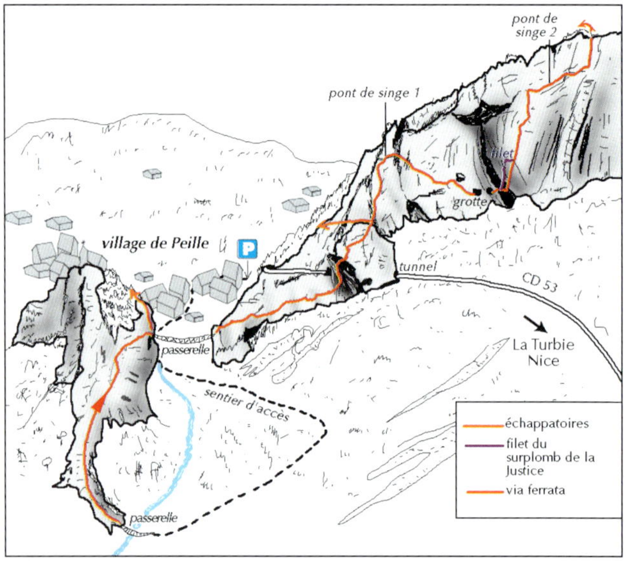

Le "filet" du surplomb de la Justice, unique en son genre.

Séduit par cet itinéraire, j'en ai souvent parlé dans mes conférences comme l'un des plus beaux, des plus ludiques, des plus physiques aussi. Peut-être créera-t-on des via ferrata encore plus élaborées par la suite, mais celle-ci y sera sans doute pour quelque chose. Symbolique des ferrata du Sud et de son exubérance, elle offre une débauche d'équipements divers et variés. On trouve à Peille, outre les inévitables passerelles et ponts de singe, une suite presque ininterrompue de surplombs très physiques sans beaucoup d'échappatoires, et surtout un filet tendu à la sortie d'une grotte. Il s'agit en fait de câbles tressés en croisillons, et maintenus à un mètre de la paroi par des barres de fer. On grimpe donc entre le rocher et ce filet, face au vide. L'exercice, qui donne chaud, est déconseillé aux personnes peu agiles, mais également aux petits bras qui, déjà fatigués, devront en sortir par une traversée d'anthologie qui tient plus de l'escalade que de la ferrata. Heureusement, le passage est évitable à droite par une variante plus classique.

On peut aussi parler de ferrata *culturelle* puisque de nombreux panneaux nous racontent l'histoire du village et des Comtes Lascaris, déjà évoquée à Tende. L'approche, qui descend les ruelles du très beau village de Peille, n'est pas le moindre attrait de cet itinéraire où règne une certaine convivialité du fait de la proximité de la route et des sentiers.

Se garer en haut du village (un panneau vous guide depuis le centre). Le péage s'effectue dans un bar dont le nom et l'emplacement figurent sur les panneaux. Descendre en traversant tout le village pour s'engager dans la gorge de Faquin sous la passerelle. Un chemin descend à droite et rejoint l'attaque qui débute par une autre passerelle de 30 m au-dessus du torrent. La première partie se déroule sur une sorte de tour détachée, le baous de Caster, sur laquelle se dressent les ruines de l'ancien palais Lascaris (quelques passages athlétiques). Une passerelle de 32 m relie cette tour à la Barma de la Sié (avant la

Après la passerelle. Au fond, le baous de Caster et les ruines du palais Lascaris.

passerelle, échappatoire conseillée à ceux qui auraient eu des problèmes : ce n'est pas fini...). La deuxième partie enchaîne une série de surplombs très athlétiques et passe par-dessus le tunnel de la route (nombreux badauds, on bavarde...). Après une nouvelle échappatoire, elle se termine par une descente vers une grotte que l'on traverse.

De la sortie de la grotte, on a le filet du "surplomb de la Justice" sous les yeux. Ne s'y engager que si l'on a encore un peu de force, car la traversée de sortie est redoutable. Sinon, traverser à droite vers un passage raide mais classique. La dernière partie comporte encore un passage très raide avant un dernier pont de singe.

La descente s'effectue très rapidement par un bon sentier en forêt vers le parking tout proche.

On garde le village de Peille sous les yeux presque tout le long.

Le dernier pont de singe avant la sortie.

VIA FERRATA DES COMTES LASCARIS ______ 35

TENDE - HAUTE ROYA

Départ : parking au centre du village de Tende (gare).
Horaire : 40 mn d'approche - 2 à 3 h de ferrata - 50 mn de descente.
Dénivellation : 490 m au total dont 328 m de ferrata mais avec beaucoup de traversées (longueur équipée : 1 000 m).
Difficulté : un court passage moyennement athlétique dans la première partie (juste avant la passerelle). La seconde partie est soutenue tout au long avec plusieurs passages verticaux et quelques courts surplombs. Déconseillée aux petits bras.
Conception/réalisation : Lucien Béranger/OZONE (1998).
Altitude maximale et exposition : 1 320 m - Est au début puis ouest.
Remarque : ferrata payante (20 F ; 10 F pour les enfants - 15 F pour les groupes - péage et location de matériel dans un chalet à mi-parcours de l'approche, près du cimetière).

Non loin de la vallée des Merveilles, le joli village de Tende est une des dernières étapes avant l'Italie. Les guides locaux connaissaient donc déjà les via ferrata et emmenaient leurs clients à Pietraveccia, quand ils n'allaient pas dans les Dolomites. Cette influence italienne devait aboutir un jour à la création de via ferrata de ce côté de la frontière. Tende fut la première, un an avant Peille et La Brigue (cette dernière n'étant pas achevée fin 1999).

Cette "trilogie des Comtes Lascaris", seigneurs médiévaux de la région dont l'histoire est abondamment racontée sur des panneaux jalonnant ces itinéraires, fait quelques envieux chez les professionnels du tourisme. Les trois via ferrata sont non seulement exploitables toute l'année en raison de la clémence du climat, mais présentent en outre un aspect sportif et ludique qui attire les foules. Même le prince Albert de Monaco est venu s'y frotter. L'intégration de courtes marches d'approche dans les villages permet également de connaître la fréquentation, de faire participer les ferratistes à la vie locale et favorise le travail des guides, alors que, plus au nord, d'autres se plaignent de ne pas voir les touristes dans des ferrata pour lesquelles les communes payent tout en estimant que les retombées restent aléatoires.

Près de Nice, on a dès le départ pris les précautions nécessaires : toutes les ferrata de la région sont payantes. Malgré cela, elles sont toutes très fréquentées. Le geste de payer mettrait-il en confiance ?

Du parking, suivre le fléchage qui vous fait traverser une bonne moitié du village avant de monter vers le cimetière. Là se trouve la cabane du péage. Un bon sentier passe sous le versant est, mais il faut bifurquer à droite pour monter vers un collu où l'on voit les premiers câbles. Un cheminement facile et parfois suréquipé amène aux ruines d'un château médiéval. Une traversée athlétique sur la fin conduit à la passerelle, de l'autre côté de laquelle on arrive rapidement à la jolie chapelle Saint-Sauveur (XIIIe siècle). Descente possible peu avant.

Quelques mètres faciles en descente amènent au pied de la deuxième partie. On voit la grotte des Hérétiques, refuge des Calvinistes au XVIe siècle. Les personnes fatiguées ou peu entraînées ont intérêt à rejoindre le chemin en contrebas (qui servira d'ailleurs à la descente) ou à prendre la crête de Saint-Sauveur qui rejoint la ferrata après les passages physiques.

Sinon, monter à la grotte et y pénétrer. On en ressort par une traversée athlétique ; puis une succession de passages droits ou en écharpe à gauche met les bras à rude épreuve. On arrive enfin à un col sur l'arête, jonction avec le parcours qui suivait les crêtes.

De là, suivre la crête à gauche et redescendre (quelques câbles) pour rejoindre le chemin qui longe les falaises en contrebas de l'itinéraire. Redescendre par celui-ci.

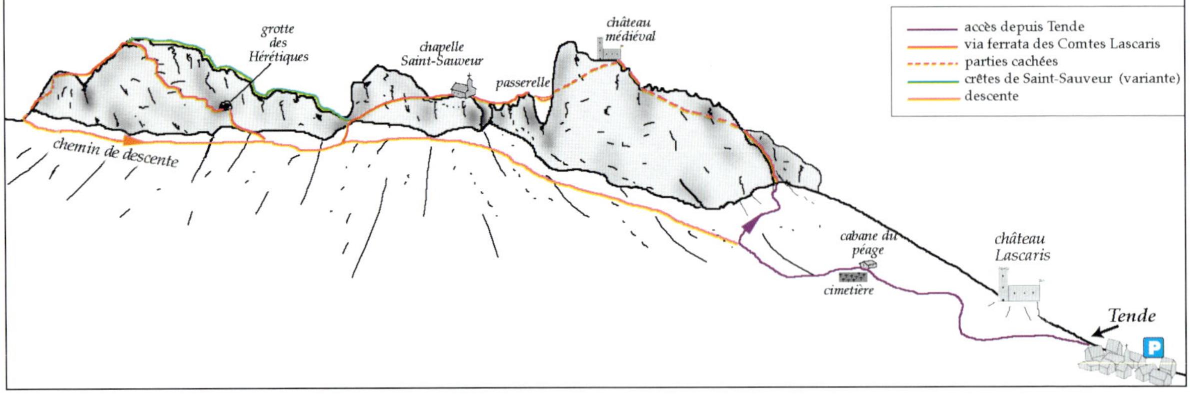

L'accès difficile à la passerelle. On aperçoit, de l'autre côté, la chapelle Saint-Sauveur.

VIA FERRATA DI A MANICELLA — 36

GORGES DE L'ASCO - HAUTE-CORSE

Départ : parking sur la route des gorges de l'Asco, entre Moltifao et Asco. Ponte Leccia, ville située à l'entrée des gorges, est à 45 mn de Bastia ou de Calvi, et à 25 mn de Corte.
Horaire : 3 mn d'approche ; 1 à 2 h de ferrata, 20 mn de descente.
Dénivellation : environ 200 m. Longueur du câble : 300 m.
Difficulté : ferrata assez raide et aérienne dans l'ensemble. Un surplomb prononcé mais court.
Conception/réalisation : SARL *In Terra Corsa* (Jean-Christophe Bastiani)/PRISME (1998).
Altitude maximale et exposition : 540 m. Nord.
Remarque : via ferrata payante (30 F en 1998). Possibilité de louer du matériel au pied (70 F).

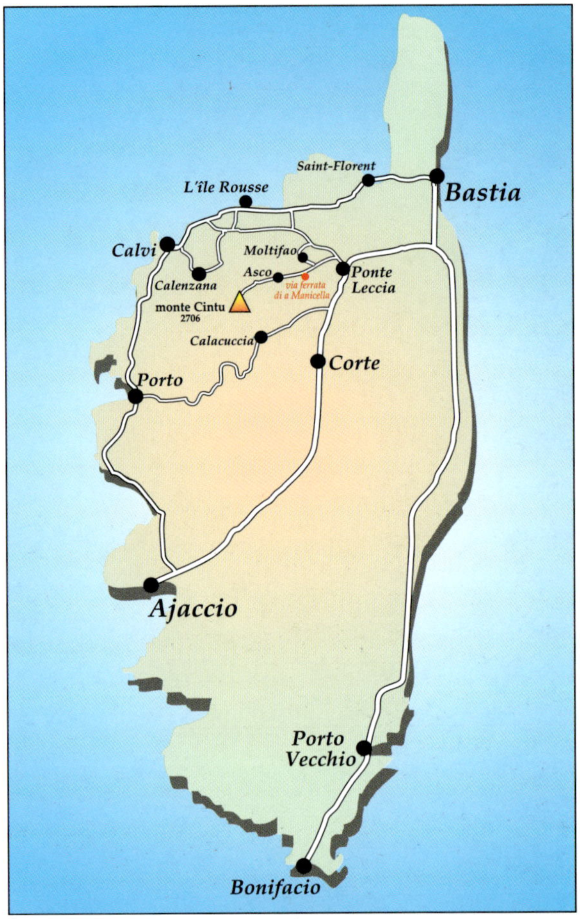

On parle depuis plusieurs années de *via cordata* en Corse, à Saint-Florent, et maintenant à Bavella au-dessus du refuge d'I Paliri. La seule vraie ferrata se trouve cependant ici, au bord de la route des gorges de l'Asco, sur la propriété privée d'une famille de la région qui la gère en société. On trouve donc au pied une petite cabane où il faut payer, et on ne vous autorisera à passer que si vous avez le matériel adéquat, y compris le casque. Ce souci est normal de la part des propriétaires qui, il faut le savoir, sont responsables des accidents qui peuvent se produire sur leur terrain.

Quant à la ferrata elle-même, elle est de toute beauté, puisqu'elle se déroule dans des *tafoni,* ces étonnantes sculptures de granit qui ont toujours fait rêver les grimpeurs. On appréciera donc leurs formes tout en évoluant au milieu des surplombs de leurs rebords fragiles, sans trop de fatigue toutefois, car les passages athlétiques sont rares et l'ensemble reste assez court.

La ferrata grimpe au début dans les tafoni près de l'arête de gauche. On passe dans un trou et on évolue dans de curieux surplombs sculptés. Toutefois, d'astucieuses traversées évitent de franchir directement les toits formés par les tafoni. Après une arête, on arrive sous un gendarme bien détaché (*a torra : la tour*). Une petite passerelle donne accès à une vire. De là, une écharpe à gauche, puis à droite amène sous Le surplomb (*u inclinatu*). Au-dessus, une troisième partie : *la strada dei tafoni*, traverse à droite sous les surplombs du sommet (très beau passage) ; sortie sur la droite du sommet.

Le chemin de descente dévale les pentes situées immédiatement à gauche de la paroi.

Le seul vrai surplomb (u inclinatu) *est heureusement assez bref. En bas, la cabane du péage.*

Le rêve de beaucoup de grimpeurs : évoluer dans les tafoni corses.

LISTE DES BUREAUX DE GUIDES, OFFICES DE TOURISME OU AUTRES ORGANISMES OÙ S'ADRESSER POUR L'ENCADREMENT

n° 1 : Centre de réservation des activités de montagne, 04 50 74 02 18 - Maison de la Montagne d'Avoriaz, tél : 04 50 79 09 16 - http:/www.ot-avoriaz.fr ou bureau des guides de Morzine, tél/fax : 04 50 79 03 55

n° 2 : Bureau des guides de La Clusaz, 74220 - tél : 04 50 02 40 83 (hors saison : 04 50 02 19 29 ou 06 07 50 54 26)

n° 3 : Bureau des guides du Grand Bornand, maison du Tourisme, 74450 - tél : 04 50 02 55 38

n° 4 : Bureau des guides de Thônes (à l'office du Tourisme), 74230 - tél : 04 50 01 02 33

n° 5 : Office de Tourisme d'Ugine, 73400 - tél : 04 79 37 56 33 ou Association Ugine Montagne, 04 79 37 56 28

n° 6 : Office de Tourisme de Beaufort, 73270 ou Jacques Maurin, président des guides de la Vanoise - tél : 04 79 38 11 78 ou 04 79 38 33 61 - fax : 04 79 38 12 50

n° 7 : Bureau des guides de Courchevel, 73120 - tél/fax : 04 79 01 03 66

n° 8 : Bureau des guides de Pralognan, 73710 - tél : 04 79 08 71 21

n° 9 : Bureau des guides de Peisey-Nancroix, le Pascieu, 73210 - tél : 04 79 07 93 30

n° 10 : Bureau des guides de Val d'Isère, 73150 - tél : 04 79 06 94 03

n° 11 : Bureau des guides d'Aussois, 73500 - tél : 04 79 20 30 04 ou 04 79 20 32 48

n° 12 : Bureau des guides de Valloire, 73450 - tél : 04 79 83 35 03 ou 59 09 43
District de Saint-Michel de Maurienne : 04 79 56 52 54

n° 13 : Bureau des guides de Valloire, 73450 - tél : 04 79 59 09 43 ou 83 35 03

n° 14 : Bureau des guides de Saint-Jean-de-Maurienne, 73300 - tél : 04 79 59 90 80 ou 64 25 05

n° 15 : Office du Tourisme de Saint-Colomban des Villards - tél : 04 79 56 24 53

n° 16 : Bureau des guides de La Féclaz, Les Déserts, 73230 - tél : 06 83 36 05 99

n° 17 : Bureau des guides de Grenoble, maison du Tourisme, 38000 - tél : 04 76 03 28 63

n° 18 : Office du Tourisme de l'Alpe d'Huez, 38750 - tél : 04 76 11 44 44

n° 19 : Office de Tourisme de Venosc, 38520 - tél : 04 76 80 06 82
ou Maison de la Montagne des Deux-Alpes, 38860 - tél : 04 76 79 53 15

n° 20 : Syndicat des guides du Vénéon, 38520 - tél : 04 76 79 54 83

n° 21 : Bureau des guides de La Grave - tél : 04 76 79 90 21 - fax : 04 76 79 96 90 - la meije@aol.com

n° 22 : Bureau des guides de Serre-Chevalier, Pré Long, 05240, la Salle les Alpes - tél : 04 92 24 75 90

n° 23 : Bureau des guides de Briançon, 05100 - tél : 04 92 21 08 50

n° 24 : Bureau des guides de la Vallouise, 05120, Les Vigneaux - tél : 04 92 23 45 81 ou Azimut, 05120, Les Vigneaux - tél : 04 92 23 04 51 - *www. Vallouise. com/Azimut.*
On peut aussi s'adresser directement aux moniteurs d'escalade locaux : 04 92 23 09 44 ou 23 17 62 ou 23 16 70.

n° 25 : Bureau des guides de la Vallouise, 05120, Les Vigneaux - tél : 04 92 23 45 81
ou Azimut, 05120, Les Vigneaux - tél : 04 92 23 04 51 ou bureau des guides des Ecrins, 04 92 23 32 02

n° 26 : Lionel Condemine, "Les 5 Saisons", 05310, Freissinières - tél : 04 92 20 94 40 - fax : 04 92 20 96 58
saisons5@club-internet.fr

n° 27 : Office de Tourisme d'Aspres-sur-Buëch, 05140 - tél : 04 92 58 66 36 - fax : 04 92 58 63 16

n° 28 : Office de Tourisme du Dévoluy, 05250, Saint-Etienne-en-Dévoluy - tél : 04 92 58 91 91 - fax : 04 92 58 91 32

n° 29 : Office de Tourisme du Pays de la Motte-Turriers, 04250 - tél : 04 92 68 40 39 ou 04 92 68 49 29

n° 30 : Office de Tourisme des Orres, 05200 - tél : 04 92 44 01 61 - fax : 04 92 44 04 56

n° 31 : Bureau des guides de Barcelonnette, 04400. Tél : 04 92 81 04 71 - fax : 04 92 81 22 67

n° 32 : Maison du Tourisme d'Auron, 06660. Tél : 04 93 23 02 66 - fax : 04 93 23 07 39

n° 33 : Bureau des guides de Valdeblore, 06240 - tél/fax : 04 93 02 84 16

n° 34 : Escapade/Lucien Béranger, 06430 Tende - tél : 04 93 04 77 85 ou 06 85 42 57 45

n° 35 : Lucien Béranger, guide à Tende, 06430 - tél : 04 93 04 77 85 ou 06 85 42 57 45
Bureau des guides de la Haute Roya - tél : 04 93 04 77 73

n° 36 : In Terra Corsa, Moltifao, 20218, Ponte Leccia - tél : 04 95 47 82 69 - fax : 04 95 47 87 20
In.Terra.Corsa@wanadoo.fr

Le site internet conçu par Roland Frenzel est intéressant à consulter pour complément d'information et actualisation :
http://perso.wanadoo./roland.frenzel

En cas d'accident, le numéro universel pour les secours depuis un téléphone portable est le 112

Cet ouvrage a été réalisé avec un maximum de soin et de précision, en concertation avec de nombreux professionnels de la montagne. Néanmoins, certains détails ont pu échapper à l'auteur, et certaines modifications ont pu survenir après sa publication. Les diverses rééditions ne manqueront pas de les signaler et toutes informations parvenant à l'adresse des éditions Glénat (voir page 2) ou sur e mail à pascal.sombardier@glénat.com *seront les bienvenues, y compris celles concernant les nouvelles via ferrata qui vont se créer dans les années à venir.*

L'auteur et l'éditeur déclinent toute responsabilité en cas d'accidents ou d'incidents survenant dans les itinéraires décrits dans cet ouvrage. Les randonneurs et alpinistes ainsi informés des risques encourus restent seuls maîtres de leur destinée et des choix qu'ils opèrent par rapport à leurs capacités ou aux risques inhérents aux conditions particulières de la montagne. Étant donné son caractère non périodique, cet ouvrage ne peut en aucun cas faire office d'expert auprès des tribunaux.

Réalisation : Tifinar (Voreppe - Grenoble)
Gravure : Glénat Presse (Meylan)
Achevé d'imprimer en février 2000 par Grafiche Zanini (Bologne - Italie)